KB247342

명재상으로 불린 행정의 달인, 도의원 명재성

행정으로 다진 실력, 정치로 완성한 리더십

명재성 자서전

여는 글

더 보고
더 듣고
더 뛰겠습니다.

정치는 멀리 있는 거대한 담론이 아닙니다.

정치는 우리가 매일 걸어 다니는 길 위에 있습니다.

집 앞 신호등이 제때 바뀌는지, 공원이 안전한지,

퇴근길 버스가 제시간에 오는지—

이 작은 변화들을 만들어내는 것이 바로 정치입니다.

저는 39년 동안 공직에 몸담으며

사람의 삶을 바꾸는 행정의 힘을 배웠습니다.

정책은 회의실과 책상에서 완성되지 않습니다.

문제는 늘 현장에 있었고, 답 역시 늘 현장에 있었습니다.

신참 공무원이었던 이십 대 시절의 저는 정치를 하겠다고 단 한 번도 생각한 적이 없습니다.

저는 그저 눈앞의 삶을 바꾸고 싶었고,

제가 맡은 자리에서 책임을 다하고 싶었습니다.

그렇게 여수에서 첫 민원을 해결했고,

고양이라는 미완의 도시로 옮겨와

도시의 성장통을 함께 겪었으며 행정이 무엇인지 배웠습니다.

그러나 행정만으로는 해결되지 않는

벽이 있다는 것도 알게 됐습니다.

법 하나, 제도 하나가 바뀌지 않으면

시민의 고통은 계속해서 반복됩니다.

그 벽 앞에서 저는 처음으로 정치의 쓸모를 생각했습니다.

행정이 닿지 못하는 영역까지 책임지는 것이 정치임을 느꼈습니다.

그것이 제 정치의 출발점이 됐습니다.

정치는 화려한 말이 아니라 묵묵한 실천이어아 하며

싸움이 아니라 신뢰의 축적이어야 합니다.

떠들기보다 들어주고, 보여주기보다 움직이고,

포장하기보다 해결하는 것이 제가 배운 행정과 정치의 언어입니다.

이제 저는 39년간 배운 모든 행정의 기술과

정치 현장에서 들었던 수많은 시민의 목소리를 자양분 삼아

일 잘하는, 신뢰받는 리더가 되고자 합니다.

도시 전체가 제 사무실이며 시민 한 분 한 분이

제 상사인 자리, 그곳에서 저는 다시 시작하고 싶습니다.

이 책은 화려한 에세이가 아닙니다.

저를 꾸미거나 포장하려는 기록도 아닙니다.

제가 걸어온 길, 제가 받은 신뢰,

그리고 앞으로 시민들과 함께 걷게 될 길을 솔직하게 담았습니다.

사람이 모이고, 관계가 쌓이고, 신뢰가 자라는 곳.

다시 사람 냄새 나는 도시로 고양을 만들기 위해

제가 나설 수 있도록 응원하고 격려해주신 많은 분들께

고개 숙여 감사드립니다.

2026년 1월

명 재 성

목차 CONTENTS

여는 글 ㅣ 더 보고, 더 듣고, 더 뛰겠습니다. —————— 02

01 고흥의 바람이 가르쳐 준 것들

흔들려도 쓰러지지 않는 나무처럼 —————— 10

나의 가족, 나의 나침반 —————— 14

깃발을 들고 완장을 찬 소년 —————— 18

멘토가 된 옆집 형 —————— 21

내가 선택했던 첫 번째 길 —————— 24

02 나를 다듬어 준 부산이라는 신세계

낯선 도시, 낯선 기름 냄새 —————— 30

삶을 바꾸는 누군가의 격려 —————— 34

누군가는 멈춰야 한다 —————— 37

서로의 거울이 되어 —————— 41

진학 vs 취업 그리고 오일쇼크 —————— 44

03 마음을 움직이는 행정의 공식

다시 가족의 품으로 —————————————————— 50

세상에서 가장 늦은 작별 인사 ————————————— 54

아버지의 산소 앞에서 ——————————————————— 57

땀으로 배운 행정의 기본 ————————————————— 60

누구도 홀로 떠나지 않도록 ———————————————— 63

04 고양에서 성장의 파도를 건너다

공무원이 이런 일도 해? ————————————————— 68

내 마음의 닻, 반려자 ——————————————————— 71

변화의 한가운데서 - 고양군, 시(市)가 되다 ————— 74

도시가 묻는 새로운 질문들 ———————————————— 78

폐정수장의 부활, 보이지 않는 가치를 발견하는 눈 ——— 81

05 행정의 일타강사라 불리다

상식이 된 혁신, 희망보직신청제의 탄생 ——————— 86

보육교사가 행복해야 우리 아이가 행복하다 ————— 89

백혈병 딸아이를 둔 가족의 눈물 ———————————— 93

답이 보이지 않는 문제와 마주했을 때 ———————— 96

석면의 시대를 끝내며 ——————————————————— 100

06 코로나19 팬데믹 속에서 일산서구청장이 되다

멈춰버린 일상, 멈추지 않은 행정 —————————— 104

세대 통합형 쉼터가 된 어린이공원의 변신 —————— 108

거대한 도시를 지키는 사소함의 힘 ————————— 111

국회 본회의를 통과한 특례시 법안 ————————— 114

위기 속 행정의 속도와 리더십 ——————————— 117

07 일상의 결을 어루만지는 덕양구청장이 되다

의자 하나 바꿨을 뿐인데 ————————————— 122

행정의 성적표 ————————————————— 126

같이 일하고 싶은 간부 공무원 —————————— 129

코스모스가 다시 피던 날 ————————————— 132

39년 공직 생활 중 가장 아팠던 순간들 —————— 136

08 39년 베테랑 행정가에서 초선 도의원으로

행정의 문을 닫고 정치의 문을 열다 ——————— 142

갈등을 조례로 풀다 ——————————————— 146

예산의 정치학 ————————————————— 149

조용하지만 우직한 리더십 ———————————— 152

존엄한 노동을 위한 현장의 목소리 ——————— 155

09 다시, 고양을 생각하다

행신에서 강릉까지 시민이 연 길 —————————— 160

삼중규제의 도시, 성장이 멈춘 지도 위에서 —————— 163

고양시의 대형 개발 프로젝트를 돌아보다 ————————— 167

도시를 다시 읽는다는 것 ——————————————— 170

도시 회생의 골든 타임 ——————————————— 173

10 고양의 내일을 설계하다

보이지 않는 인프라가 튼튼한 도시 —————————— 178

고양의 미래를 위한 일자리·교육·교통·의료 ————— 181

평화와 산업이 만나는 자족 도시 —————————— 185

생활 도시의 새로운 표준 ——————————————— 188

지속가능한 도시를 위하여 ——————————————— 191

닫는 글 ┃ 다시 길 위에 서다 ——————————— 194

부록 ┃ 명재성 의원 대표발의 조례안 —————————— 197

01

고흥의 바람이
가르쳐 준 것들

흔들려도
쓰러지지 않는
나무처럼

내가 태어난 곳은 전남 고흥, 짭조름한 바닷바람이 먼저 말을 거는 마을이었다. 겨울이면 새벽 공기가 살을 베듯 차가워 이불 속에서도 숨이 하얗게 식었고, 바람이 지붕을 스칠 때면 기왓장이 덜컹거릴 정도로 세찼다.

여름은 또 달랐다. 습기가 하루 종일 몸에 들러붙어 마당에 나서면 축축한 흙냄새와 열기가 얼굴을 확 덮쳤다. 밤이 되어도 더위가 가시지 않아 베개를 몇 번씩 뒤집어야 겨우 잠에 들었다. 자연은 겨울엔 매섭고, 여름엔 집요하게 달라붙었다. 그 속에서 나는 버티는 법을 배웠다.

집안 형편은 넉넉하지 않았다. 게다가 먼 친척에게 사기를 당하는 바람에 가세는 더욱 기울었다. 얼마 되지 않았던 땅조차 모두 잃은 아버지는 결국 이웃 농가에서 품꾼으로 일해야 했고, 어머니는 해가 뜨기 전부터 물을 길어 밥을 짓고, 해가 뜨면 빌린 땅으로 가 김을 맸다. 수확이 좋을 때도 생활은 빠듯했고, 흉년이 들면 더욱 더 말수가 줄어드는 어른들의 기운에서 삶이 녹록지 않다는 걸 어린 마음에도 알 수 있었다.

그때부터였다. 나는 '공부'라는 것을 단순한 배움이 아니라 가족의 짐을 조금이라도 덜 방법으로 받아들이기 시작했다. 어린 나에게 가난을 벗어날 수 있는 유일한 방법은 오직 공부뿐이었다.

부모님의 거칠고 굳은 손을 보고 나면 하루를 허투루 보낼 수 없었다. 그 마음이 나를 책상 앞으로 데려갔다.

친구들이 놀자고 부르면 가고 싶은 마음도 없진 않았지만 내겐 그 시간이 아까웠다. 조금이라도 더 배우고, 더 알고 싶었다.

어머니는 이런 나를 보며 말 대신 다정히 내 머리를 쓰다듬어주셨다. 품을 팔고 돌아온 뒤 내 책장을 슬쩍 들여다보는 아버지의 눈빛 속에도 조용한 기대가 담겨 있었다. 나는 그 기대를 저버리고 싶지 않았다.

그 시절, 마을 어귀에는 오래된 나무가 있었다. 여름이면 짙은 그늘을 드리우고, 겨울이면 잎 하나 없이도 의연하게 서 있었다. 그 나무 아래 앉아 바람을 맞다보면 마음이 고요해졌다.

바람은 늘 강했지만 어떤 강풍도 이겨내기 위해 나무는 더 깊이 뿌리를 내리고 있었을 것이다. 나는 이 나무를 보며 버틴다는 것이 인내 이상의 의미임을 배웠다. 눈에 띄지 않는 뿌리의 힘이 결국 나무를 굳건히 서 있게 하듯, 약해질 때 잠시 흔들려도 쓰러지지 않는 힘이 사람에게도 필요하다는 걸.

세찬 바람 앞에서도 잎을 떨구며 계절을 견디고, 다시 새순을 틔우는 그 모습을 보며 나는 마음을 다독였고 스스로를 단련했다.

삶의 무게가 어린 어깨에 얹힐 때마다 거센 풍파가 닥칠수록 더 깊이 뿌리를 내리던 나무처럼 나도 나아갈 이유를 찾으려 애썼다. 가난이 주는 서러움도, 어른들의 한숨도, 미래를 알 수 없는 막막함도 나를 주저앉히지 않았다. 잠시 흔들릴 수는 있어도 결국 다시 일어서는 힘은 스스로 만들어야 한다는 사실을 그때부터 배운 것이다.

그 배움은 나를 단단하게 만들었다. 말수는 적었지만 안쪽에서 차오르는 의지는 누구보다 강했다. 누가 시키지 않아도 맡은 일을 끝까지 해내려 했고, 작은 일에도 책임감을 느꼈다. 훗날 39년의 공직 생활 속에서 어떤 민원, 어떤 현장을 마주해도 물러서지 않았던 이유는 바로 그 시절, 고흥의 바람 아래에서 다져진 힘 덕분이었다.

지금도 그 자리에 그 나무는 서 있을 것이다. 내가 떠난 뒤에도 여전히 바람을 맞으며 계절을 견디고 있을 그 나무는 견디되 무너지지 않는 자세, 흔들리되 다시 바로 서는 힘을 나에게 가르쳐 주었다. 고흥에서의 시간은 내 인생의 첫 장이었고, 그 모든 기억이 앞으로 펼쳐질 수많은 장을 지탱해주는 가장 견고한 기반이 됐다.

나의 가족
나의 나침반

나는 2남 2녀 중 늦둥이 막내였다. 첫째인 형님과는 무려 열네 살 차이가 난다. 형님과 누님들은 나를 동생이라기보다 마치 자식처럼 품어주었다.

먼저 형님은 가족이 기댈 수 있는 기둥 같은 존재였다. 월남 파병으로 고향을 떠나 생사의 고비를 넘겼고, 전쟁터에서 돌아온 뒤에도 가족의 빚을 갚기 위해 다시 머나먼 중동으로 향했다. 리비아 건설 현장의 사막 바람을 맞으며 번 돈은 대부분 집으로 보내졌고, 형님 덕분에 나는 학업을 이어갈 수 있었다. 장남으로서 짊어져야 했던 무게가 얼마나 컸을지, 형님의 삶이 얼마나 고단했을지 지금도 감히 온전히 헤아릴 수 없다.

늘 보이지 않는 곳에서 가족을 받쳐주었던 사람, 그런 형님 덕분에 지금의 내가 있다는 사실을 늘 마음 깊이 간직하고 있다.

큰 누님은 나에게 두 번째 엄마 같은 존재였다. 어머니가 김을 매러 나가면 나를 등에 업고 살림을 도맡아 했다. 내가 배가 고파 보채면 젖을 먹이러 엄마를 찾아 그 긴 논두렁길을 몇 번이고 오갔다. 겨우 초등학생의 나이에 그 작은 등을 어떻게 나에게 내주었는지 이제와 돌이켜보면 마음이 뭉클해진다.

둘째 누님은 집안 살림에 보탬이 되기 위해 가장 먼저 도시로 가 목재공장, 가발공장에서 일했다. 먼지와 소음 속 열악한 환경과 낮은 임금, 손끝 상처가 아물 날이 없던 노동의 연속. 한국 경제를 지탱했던 그 시절 '여공'이라 불리던 젊은 여성들의 이야기가 바로 둘째 누님의 역사였다. 힘든 환경 속에서도 늘 밝았던 누님은 가난 속에서도 희망이라는 것이 어떻게 생겨나는지 보여주는 사람이었다.

이런 누님을 지탱해주는 건 종교의 힘이 컸고, 그 영향으로 우리 가족은 신앙의 울타리 안으로 들어오게 됐다. 언제나 우리 가족을 끈끈하게 연결하는 그 중심에 둘째 누님이 있다.

아버지는 동네에서 '법 없이도 살 사람'이라 불렸다. 일제강점기 가혹하기로 악명 높았던 탄광으로 강제 징용돼 젊은 시절을 잃었지만 그 참혹했던 경험도 아버지의 성품을 바꾸진 못했다. 항상 타인에게 너그러웠고, 손해를 보고 억울한 일을 당해도 누구를 탓하거나 원망하지 않으셨다.

"그 사람도 살기 바빠 그랬겠지."

늘 이렇게 말씀하시며 이해하고 용서하셨다. 가난은 아버지의 등을 굽게 했지만 마음만큼은 언제나 올곧게 서 있는 분이셨다.

그리고 어머니는 내가 아는 사람들 중 가장 부지런하고 성실한 분이셨다. 새벽마다 물을 길어오고, 해가 뜨면 논밭에 나가 김을 맸다. 동네에 일손이 필요하다면 얼마 안 되는 품삯이라도 벌기 위해 어디든 달려가 손을 더했다. 빠듯한 형편에도 자식들에게 힘든 내색 한 번 하지 않으셨다. 말로 훈육하기보다 매사에 최선을 다했던 당신의 삶 자체가 자식들의 본보기가 됐다.

이렇게 우리 가족이 지나온 삶을 찬찬히 들여다보면 그 시절 가난한 시골집의 역사이면서도 한국 현대사의 장면들과 겹쳐진다. 조선인 강제 징용과 가난을 벗어날 수 없었던 소작농, 도시로 간 여공, 목숨을 건 월남 파병과 중동 건설 노동자까지. 영화 '국제시장'만큼 파란만장한 이야기의 주인공들이 바로 우리 가족이다.

큰 누님의 등에서 느꼈던 따뜻한 체온, 둘째 누님의 야무진 손, 큰 형님의 듬직했던 어깨, 부모님의 인자한 성품. 이 모든 것들이 훗날 내가 어떤 선택을 하든, 어떤 길 위에 서 있든 늘 사람을 먼저 생각하게 만드는 나침반이 되어주었다. 그 훌륭한 나침반이 있었기에 나는 흔들릴 때마다 다시 바른 방향을 찾을 수 있었다.

깃발을 들고
완장을 찬 소년

가난은 우리 가족만의 특별한 이야기가 아니었다. 60년대 초반 시골마을에서 태어난 내 또래 대부분은 사정이 비슷했다. 넉넉한 집은 드물었고 소 한 마리가 재산의 전부라는 말이 그저 농담이 아니었다. 하루 벌어 하루를 버티는 삶이 동네 사람들의 공통된 풍경이었다. 비가 오면 비가 오는 대로, 해가 나면 해가 나는 대로 몸이 부서져라 일을 해도 가난의 굴레에서 벗어나기란 쉽지 않았다.

그 시절에 학교에서 가장 많이 들었던 말이 있다. 선생님들은 칠판을 툭툭 치며 습관처럼 외쳤다.

"계속 가난하게 살래,

공부해서 벗어날래?"

수업에 집중하지 않는 학생들을 향한 호통이자 압박이었지만 나에게는 일종의 각성제였다. 가난을 끊어낼 수 있는 길이 오직 공부밖에 없다는 사실이 어린 마음에 너무나도 명확하게 박혔다. 그때부터 공부에 매달렸다. 책상에 앉으면 한 문제라도 더 풀고 싶고 한 줄이라

도 더 읽고 싶다는 마음이 생겼다. 그림자처럼 달라붙는 가난을 떼어
낼 수만 있다면 공부로 누구에게도 지고 싶지 않았다.

전교 일등을 하게 되자 욕심이 더 커졌다. 운동이든 음악이든 다 잘
하고 싶었다. 교실에선 늘 앞장서서 문제를 풀었고, 운동장에서도 누
구보다 앞장서 뛰었다. 덩치도 또래 중에 큰 편이어서 선생님들은 나
를 불러 아이들을 이끌게 했다. 어리긴 했지만 앞에 선다는 것이 무
엇인지 조금씩 익히게 됐다.

그 감각을 강하게 깨운 것이 바로 유신 시절 통제의 상징이기도 했던
'애향단'이었다. 새마을운동이 전국을 뒤흔들던 시절, 초등학생들에게까
지 군사문화가 스며들었다. 마을 아이들은 매일 아침 애향단 깃발 아래
모여 줄을 맞춰 행진하며 학교로 향했다. 그 대열의 선두에서 깃발을 든
사람이 바로 나였다. 팔에 '애향단장'이라 적힌 완장을 차고 친구들 앞에
서던 순간, 어린 가슴에는 묘한 책임감과 자부심이 동시에 일었다.

아침마다 등굣길은 열병식 장처럼 변했다. 교문에 들어설 때면 팔
을 더 높이 흔들어야 했고 운동장에 줄을 맞춰 서서는 태극기를 향해
목이 쉬도록 '국기에 대한 맹세'를 외쳐야 했다. 초등학생에게까지 군
대문화를 주입시키고 통제했던 그야말로 야만의 시대였다. 하지만

그때의 나는 주어진 자리라면 어떻게든 잘해내고 싶었다.

학교를 가지 않는 휴일도 애향단 활동은 계속됐다. 일요일에도 마을 청소를 하고 잡초를 뽑았다. 표면적으로는 강제성이 없는 봉사단체였지만 새마을운동의 말단조직 역할을 한 것이다. 활동에 빠지면 명단이 학교로 전달돼 선생님의 지도를 받아야 했다.

앞에 서 있다는 것은 늘 누군가의 시선을 받고, 잘못이 생기면 대신 나서야 한다는 의미였다. 나는 친구들이 넘어지지 않도록, 혼나지 않도록, 뒤처지지 않도록 더 바삐 움직이고 살폈다.

돌이켜보면 가난을 벗어나기 위해 더 앞서 나아가고 싶었던 마음, 누군가를 챙겨야 한다는 막연한 의무감, 그리고 주어진 역할을 흔들림 없이 해내고 싶다는 욕심이 모두 뒤섞여 있었다. 그러나 그 감정들이 차곡차곡 쌓여 훗날 시민들과 마주하는 자리에서도 몸이 먼저 움직이는 사람이 된 것 같다.

멘토가 된
옆집 형

___

중학교에 올라가서도 성적은 늘 전교 1, 2등을 다퉜다. 하지만 학년이 올라갈수록 뭔가 공부 방식이 잘못됐다는 불안감이 찾아왔다. 문제집을 펼치면 늘 '열심히 해야 한다'는 각오만 가득했지만 종종 그 '열심'이라는 것의 방향을 잃을 때가 많았다. 당시 내게 공부는 암기하고 문제를 푸는 행위였다. 공부를 잘한다고는 할 수 있지만 공부하는 법을 안다고 할 순 없었다.

그러던 어느 날 부모님 심부름으로 옆집을 가게 됐다. 그 댁에는 나보다 두 살이 많은 형이 있었는데 마을에선 모범생이자 우등생으로 소문이 자자했다. 내가 찾아간 날도 형은 마루에 앉아 공부를 하고 있었다. 떡을 들고 선 나를 발견하기까지 꽤 시간이 걸렸다. 그만큼 무언가에 몰입하고 집중하는 능력이 대단한 형이었다.

"재성아, 너 언제 왔냐?"

"어, 방금……"

떡을 마루에 올려놓고 돌아서려는데 옆집 형이 당황스러운 제안을 했다.

"너 우리 집에 온 김에 이 문제 한 번 풀어볼래?"

그 말 한마디가 내 인생의 터닝 포인트가 될 줄은 몰랐다.

문제를 받아 들었을 때 나는 얼떨떨했다. 고등학교 수학 문제가 중학생에겐 어려울 밖에 없었다. 하지만 모르겠다고 포기하기엔 자존심이 상했다. 낑낑대며 결국 문제를 풀었다.

당시 내 공부 방식은 단순했다. 외우는 것, 반복하는 것, 선생님이 강조한 부분을 정확히 따라 적는 것. 그런데 옆집 형은 전혀 다른 방식으로 질문을 던졌다.

"이 문제를 풀기 전에, 먼저 뭘 알아야 할까?"

하지만 형은 내가 맞게 풀었는지 처음부터 답지를 보여주지 않았다 '생각하는 법'부터 묻는 사람이었다.

"한 번 더 생각해봐", "다른 길은 없을까?" 하고 되물었다.

어떻게 생각하고, 무엇을 먼저 살피고, 어떤 식으로 접근해야 하는지를 차근차근 짚어주었다. 그러자 머릿속에서 갑자기 퍼즐이 맞춰지는 순간이 찾아왔다. 그 짜릿함은 지금도 생생하다. 그날 이후 나는 처음으로 '공부가 재미있을 수 있다'는 사실을 알았다.

문제를 푸는 속도나 정답 유무보다 중요한 게 있다는 것을 깨닫게 된 순간이었다.

"안 풀리는 문제가 있으면 붙잡고 끝까지 고민해봐. 공부는 결국 생각 싸움이거든."

이날 이후로 문제가 풀리지 않으면 옆집 형의 이 조언이 떠올랐다. 공식을 암기하는데 급급했던 방식에서 논리와 원리를 쌓아가는 방식으로 공부 방법이 달라졌다. 그때 나는 비로소 말로만 듣던 '공부의 맛'을 조금이나마 경험한 기분이 들었다.

형은 이후에도 자신의 문제집을 종종 나에게 주었다. 풀었던 문제 중 좋은 문제에는 따로 표시해 꼭 풀어보라고 권하기도 했다. 문제집 안에는 옆집 형이 흘린 땀과 고민이 고스란히 배어 있었다. 나는 형의 노력의 흔적을 보며 나도 누군가에게 형 같은 멘토가 되겠다는 목표를 가지게 됐고, 공부는 더 이상 가난을 벗어나기 위한 도구가 아니라 내 세계를 확장시키는 통로가 됐다.

인생을 바꾸는 순간이 꼭 거대한 것만은 아니다. 이렇게 갑자스럽고 사소한 만남에서 얼마든지 시작될 수 있다.

내가
선택해야 했던
첫 번째 길

중학교에 올라가서도 집안 형편은 여전히 팍팍했다. 형제들은 모두 각자의 자리에서 묵묵히 생계를 떠받치고 있었다. 나보다 열넷 살이 많았던 형님은 '기회의 세대'가 아니라 말 그대로 '희생의 세대'였다. 형님은 가장 먼저 고흥을 벗어나 세상에 나갔고, 그 길은 월남 파병이었다. 전쟁터에 나가 있는 동안 어머니는 새벽마다 정안수를 떠놓고 두 손을 모았다. 무사귀환을 비는 그 떨리던 손끝이 아직도 눈앞에 생생하다. 어린 나는 그 기도가 어디를 향한 것이었는지 알지 못했다. 다만 부모님이 문밖 소리에 놀라 고개를 드는 모습, 형님의 편지가 뜸해지면 주름이 깊어지던 순간들로 그 가슴 졸이는 기다림의 크기를 짐작할 뿐이었다.

형님은 전쟁터에서 돌아온 뒤에도 쉬지 않았다. 가족을 위해 또 다시 짐을 싸야 했다. 이번엔 리비아의 건설 현장이었다. 장남이라는 이유로 목숨을 걸고 베트남으로 향할 때도, 중동의 뜨거운 모래바람 속으로 향할 때도 얼마나 무섭고 외로웠을까? 그럼에도 불구하고 '내가 조금 더 견디면 우리가 가족은 덜 힘들어지겠지.'하는 그 단순하지만 간절함 하나로 버텼을 것이다.

누나들도 마찬가지였다. 집안일과 농사까지 도우면서도 항상 긍정적이고 씩씩했다.

"재성아, 너는 네가 하고 싶은 공부해라."

그 말 속에는 강요도 부담도 없었다. 그저 내가 가진 가능성이 가난 때문에 꺾이지 않기를 바라는 마음뿐이었다. 때로는 누나들의 따뜻한 미소가 흰 쌀밥보다 더 큰 힘이 됐다. 가족 중 누군가가 내 몫의 짐을 더 들고 있었기 때문에 그래서 더 한눈을 팔 수 없었다.

책을 펼칠 수 있는 시간과 공간이 주어지면 늘 책을 꺼내 들었다. 덕분에 중학교에서도 전교 1, 2등을 다투는 우등생이 됐다. 성적이 잘 나오면 아버지는 내 어깨를 두드려 주었고, 어머니는 밥 위에 계란 하나를 얹어주셨다. 요란하지 않지만 잘하고 있다는 묵직한 응원이었다.

그러나 성적과 별개로 인문계 고등학교를 가야 할지, 아니면 실업계고등학교를 선택해야 할지 고민도 깊어졌다. 대학에 가고 싶은 꿈도 컸지만 학비와 생활비를 생각하면 쉽게 결정할 수 없었다. 부모님은 품팔이로 겨우 생계를 이어가고 있었고, 형님은 머나먼 나라에서 고된 노동으로 가족을 떠받치고 있었다. 그럼에도 가난을 벗어날 순 없었다. 형제들 중 고등학교에 진학할 기회가 있었던 건 내가 유일했다. 그 이상을 바라는 건 사치처럼 느껴졌다.

그 무렵, 나라 전체가 거대한 물결 속에 있었다. 1970년대 박정희 정부가 내세운 '기술입국(技術立國)'. 기술자가 나라를 먹여 살린다는 말이 학교와 마을 곳곳에 유행가처럼 퍼졌다. 선생님들도 성적이 좋은 학생들에게 인문계 대신 공업고등학교를 권했다.

"기술만 배우면 안정적으로 취업할 수 있잖아.

먹고살 걱정 안 해도 되고 얼마나 좋아?"

가정 형편이 어려운 학생들에겐 선택의 여지가 없었다. 부모님께 부담 주지 않고 가장 빨리 자립할 수 있는 길이었다.

그때 들려온 곳이 부산기계공고였다. 고흥 출신 선배가 이미 진학해 있었고 전국 단위로 우수 학생을 뽑았다. 개교 때부터 경쟁률이 높았다. 중학교 성적 상위 5% 내외 학생이 교장의 추천으로 원서를 넣었다. 1978년 제24회 국제기능올림픽대회가 부산기공에서 열리며 학교의 위상은 더욱 올라갔다. 게다가 기숙사와 학비는 전액 지원이 되었고, 졸업 후 취업도 보장되는 곳이었다.

나는 차분히 마음의 결정을 내렸다. 고흥의 바람이 내 등을 밀어 부산으로 이끌고 있었다.

집을 떠나기 전날 밤, 리비아에서 형님이 보낸 편지를 다시 펼쳐 보았다. 짧은 글씨마다 땀 냄새와 모래바람이 배어 있는 것 같았다.

"재성아, 떨어져 있어도 형은 언제나 네 편이다.

배우는 일 게을리 말고. 아프지 마라."

그 문장의 온기를 가슴에 담으며 고흥에서의 마지막 밤을 보냈다.

02

나를 다듬어 준
부산이라는 신세계

낯선 도시,
낯선 기름 냄새

부산이라는 도시가 어떤 곳인지 상상조차 되지 않았지만 가족에게 도움이 되어야 한다는 마음이 내 결심을 밀어붙였다. 가진 게 없는 환경에서 자란 아이에게 '기술'은 흙수저를 벗어나게 하는 희망처럼 느껴졌다.

부산기계공고 입학원서를 쓰던 날, 종이 위에 적힌 내 이름이 잠시 낯설게 보였다. 이 작은 글씨 하나가 내 인생을 바꿔 놓을지도 모른다는 생각이 스쳤다.

고흥을 떠나는 날 작은 보따리에 옷 몇 벌만 챙겼다. 어머니는 밥이라도 든든히 먹고 가라며 아침상을 차려주셨지만 한동안 가족들을 못 본다는 생각에 목이 메어 음식이 넘어가지 않았다. 광주로 가는 버스를 타기 전 아버지는 짧게 한마디를 하셨다.

"가서 후회하지 않게만 해."

어머니는 한참을 뒤에서 바라만 보셨다. 가난이 나를 밀어낸 것이 아니라 형님과 누나가 열어준 길 위에서 부모님이 묵묵히 지켜봐준

덕에 내가 스스로 내딛는 첫 발이었다.

　고흥에서 광주로, 광주에서 다시 부산으로 꼬박 하루를 달려 도착한 부산. 부산이라는 도시는 어린 나에게 하나의 충격이었다. 그곳은 내가 알던 세상과 전혀 다른 속도로 움직이고 있었다. 고흥의 바람은 첩첩 산과 너른 들을 스쳤지만 부산의 바람은 버스와 사람들, 시장 사이를 거칠게 밀고 다녔다. 차창 밖으로 스치는 풍경은 높았고, 빠르고, 복잡했다. 작은 마을의 흙길만 알고 자란 소년에게 그 모든 장면이 생경했다.

　부산기계공고의 첫인상도 그랬다. 학교에 들어서자마자 서로 다른 사투리가 쉴새 없이 뒤섞여 귀를 스쳤다. 전국 단위 모집이라는 말이 단숨에 와 닿았다. 학생 수만 해도 고흥에서 보던 학교와는 비교할 수 없을 만큼 많았다. 낯선 얼굴들 속에 서 있으니 세상이 얼마나 넓은지 비로소 느껴졌다.

　기숙사에서 만난 친구들의 사연도 제각각이었다. 부모님 대신 가장이 되어야 하는 친구, 대학 대신 기술을 선택한 친구, 나처럼 집안 형편 때문에 먼 도시까지 온 친구까지 다양했다. 얼마 지나지 않아 우리는 서로의 어깨를 빌려 타지 생활의 외로움과 고됨을 달랬다.

나도 처음엔 적응이 쉽지 않았다. 고흥에서는 최상위권이었지만 여기에는 나보다 똑똑한 친구들이 너무 많았다. 무엇보다 힘들었던 건 성적 시스템이었다. 이론 50%, 실습 50%의 비율로 성적이 매겨졌다. 아무리 이론 시험을 잘 봐도 실습이 제대로 안 되면 상위권으로 올라갈 수 없었다.

책만 파던 내게 기계의 차가운 감촉, 금속 가루 섞인 실습장의 공기, 옷에 밴 기름 냄새는 너무나 낯설었다. 하루가 끝나면 몸이 축 처졌고 밤이 되면 기숙사의 고요 속에서 고향 집 생각이 더 크게 밀려왔다.

하지만 그럴 때마다 나는 속으로 되뇌었다.

'이겨내지 못하면 다음에 올 기회도 놓치고 말 거야.

아버지의 말씀처럼 실패하더라도 후회 없이 최선을 다해보자.'

아버지의 말씀을 되새기며 하루하루를 버텨냈다.

얼마 지나지 않아 낯설었던 기계 소리도 조금씩 익숙해지기 시작했다. 처음엔 두려움처럼 들리던 쇳소리가 어느 순간 리듬처럼 들렸고, 기름 냄새도 더 이상 참기 힘든 역한 냄새가 아니라 '기술을 배우고 있다'는 증표처럼 느껴졌다. 실습장에서 선배들이 능숙하게 기계를 다루는 모습을 보면 나도 언젠가는 저렇게 될 수 있을 거라는 희미한 확신이 마음 한쪽에 자리를 잡았다.

돌이켜보면 그때 가장 크게 변한 것은 마음가짐이었다. 고흥에서는 누구보다 잘해야 한다는 마음이 컸다면 부산에서는 '나도 할 수 있다' 는 믿음이 조금씩 자랐다. 내가 견디고 버틴 하루들이 쌓여 언젠가 나를 다른 곳으로 데려다 줄 것이라는 사실을 깨닫게 된 것이다. 그 믿음 덕분에 낯선 도시의 밤공기 속에서도 다시 눈을 뜨고 학교로 향할 용기가 생겼다.

삶을 바꾸는
누군가의 격려

그때 내게 큰 힘이 되어준 사람이 있었다. 고흥 출신 선배였다. 1년 먼저 부산기계공고에 들어왔던 그는 기숙사 생활의 규칙과 선배 대하는 법, 실습 도구를 다루는 기본기까지 하나하나 세심하게 알려주었다.

"재성아, 여기선 네가 먼저 모르면 물어봐야 해."

말수가 적은 나를 보며 웃으며 말을 걸어주었고, 실습 때 내가 놓친 부분을 다시 짚어줬다.

"누구나 다 처음은 있어. 어깨 딱 펴, 기죽지 말고."

그 말은 부산 생활에서 처음 들은 '위로'이자 '격려'였다.

어려운 납땜 기술이 잘 되지 않아 혼자 기숙사 뒤편에 앉아 멍하니 있던 날에도 선배는 다가와 내 옆에 말없이 앉아주었다. 그 침묵조차 묘하게 안심이 됐다. 그 선배가 없었다면 첫 번째 슬럼프를 넘어서지 못했을지도 모른다. 그 역시 겨우 나보다 한 살 많은 열여덟의 사춘기 소년이었지만 그 당시 나에겐 태산처럼 든든한 존재였다. 그

선배는 부산의 낯선 바람을 기꺼이 막아 준 또 다른 '내 인생의 바람
막이'였다.

　1학년 2학기 무렵 기름 냄새가 익숙해질 즈음 실습에도 자신감이
붙기 시작했다. 공구를 잡는 손의 떨림이 잦아들었고, 제법 예비 기
술자로 변화하고 있었다. 고향 선배의 특급 과외가 드디어 빛을 보게
된 것이다.

　무엇보다 기뻤던 일은 학교에서 성적 우수자에게 주는 5.16 장학
생(지금의 정수장학금)에 선발된 것이었다. 나의 노력도 있었겠지만
앞에서 이끌고 뒤에서 밀어준 고향선배가 있었기에 가능한 일이었
다. 장학금은 무려 10만 원. 지금의 가치로 환산하면 300만 원도 훌
쩍 넘는 큰 금액이었다.

　장학증서를 받던 날 나는 그 종이를 몇 번이고 접었다 펼쳤다. 가장
큰 성과는 포기하지 않는다면 이겨낼 수 있고, 해낼 수 있다는 스스
로에 대한 믿음이 생긴 것이었다.

　방학 때 집에 내려가 장학금을 어머니 손에 쥐여드리자 어머니는
연신 고생했다고만 하시며 내 얼굴을 쓰다듬어주셨고, 아버지는 말
씀이 없었지만 아들에 대한 대견함과 믿음이 나를 바라보는 눈빛 속
에 깊게 담겨 있었다. 부산기계공고에서의 생활이 쉽진 않았지만 많

은 것을 가르쳐주었다. 기술보다 먼저 배운 것은 책임이었고, 경쟁보다 먼저 깨달은 것은 겸손이었다.

부산에서 보낸 시간은 단순히 기술을 익히는 데 그치지 않았다. 그곳에서 나는 '결과보다 과정의 힘'을 배웠다. 실수투성이에 눈에 보이는 성과가 없는 날도 부지기수였다. 하지만 선배는 그런 나에게 늘 말했다.

"기술은 손보다 마음이 먼저야.

사람의 마음이 달라지면 손도 달라져."

그 말은 어린 내게도 묵직하게 가슴을 울렸다. 노력의 방향, 마음가짐, 태도 같은 것들은 성적표에 남지 않지만 결국 사람을 더 나은 곳으로 이끄는 것임을 깨닫게 됐다.

그리고 무엇보다 어떤 상황에서도 무너지지 않고, 회복할 수 있는 힘을 기르는 법을 선배를 통해 배우게 됐다. 고흥의 바람이 나를 만들었다면 부산의 바람은 나를 다듬어주었다.

그렇게 나는 또 한 번 성장했다.

누군가는
멈춰야 한다

부산기계공고에서의 생활은 기술교육 이상의 것이었다. 학교 전체가 어떤 거대한 규율 아래 움직이고 있었다. 명찰의 색은 기수를 의미했고 그것은 마치 군대의 계급처럼 절대적이었다. 윗사람의 명령에 아랫사람이 복종한다는 상명하복의 군기 문화가 철저히 지켜지고 있었다. 이것은 부산기공만의 특징이 아닌 그 시절 대한민국 모든 학교들의 모습이었다. 기초 군사 훈련 교육이 의무적으로 실시됐고, 수업 시작 전 구호는 "차렷, 경례"로 학교생활 전반이 군대식 통제에 있었다. 기숙사 점호는 정확히 밤 9시, '1중대부터 15중대까지'라는 호명 방식도 군대와 다르지 않았다.

당시 많은 학교기 그랬듯 선배들의 폭력은 당연하다는 듯 존재했다. 이유 없는 처벌과 구타가 매일같이 벌어졌다. 옥상이나 빈 공터에 후배들을 불러 세워놓고 기합을 주는 일은 비일비재했다. 그저 '군기 잡기'라는 이름 아래 맞는 이유를 따질 수도, 피할 수도 없던 시대였다. 나 역시 아무 잘못이 없어도 그저 '기합 받을 차례'라는 이유로 맞아야 했다. 이를 악물고 버텼지만 마음 한쪽에서는 이런 생각이 자꾸만 고개를 들었다.

'이것이 당연한 걸까?'

'이런 걸 후배들에게 또 넘겨줘야 하나?'

하지만 당시에는 아무도 그런 질문을 입 밖으로 내지 못했다. 그저 견디고 지나가는 것, 그게 내가 할 수 있는 전부라고 믿었다.

시간이 흘러 나는 2학년이 됐고, 명찰의 색깔도 초록에서 노랑으로 바뀌었다. 그리고 나는 한 중대의 대장과 같은 직책을 맡게 됐다. 어느 날 선배였던 누군가가 내게 말했다.

"재성아, 이제 너도 1학년 군기 좀 잡아야지."

그 말은 너무 자연스럽고, 너무 익숙한 톤이었다. 마치 "오늘은 네 차례"라는 일상적 통보처럼. 그 순간 알았다. 이 폭력의 고리는 누군가 한 명이 "하지 않겠다."고 말해야 끊어질 수 있다는 것을.

고향에서 보았던 오래된 나무가 떠올랐다. 거센 바람에도 꺾이지 않고 계절을 견디던 그 나무처럼, 나 역시 흐름에 휩쓸리지 않고 서 있어야 한다고 느꼈다.

"저는… 안 하겠습니다."

내 목소리는 크지 않았지만 제법 단호했다. 순간 주변 공기가 조금

멈춘 듯했다. 당시의 분위기에서는 감히 나오기 힘든 말이었다. 하지만 그날 이후로 나는 누군가를 복도로, 옥상으로 불러내지도, 얼차려를 시키기도 않았다. 물론 나의 반항에 돌아온 건 또 한 번의 폭력이었지만 끝까지 굴하지 않았다. 3학년이 되어 명찰이 빨간색으로 바뀌었을 때조차 나는 한 번도 그 관행을 따르지 않았다.

폭력을 당연하게 여기던 시대였지만 적어도 내 손으로 누군가에게 같은 상처를 남기고 싶지 않았다. 뒤에서 누군가 나를 욕하기도 하고 선배들에게 혼이 나기도 했지만 내가 겪은 폭력의 폐해를 후배들에게 물려주고 싶지 않았다. 폭력은 규율이 아니라 습관이었고, 그 습관을 누군가는 끊어야 했다. 그 고리를 끊는 역할이 나에게 주어진 거라고 믿었다. 폭력이 사라지자 학교를 짓누르고 있던 팽팽한 긴장감도 조금씩 사라졌다. 두려움 대신 존중의 눈빛으로 서로를 보기 시작했고 학생들의 표정도 밝아졌다. 비로소 우리는 버티는 것이 아닌 함께 배우는 동문이 되어갔다.

규율은 필요하다. 그러나 폭력은 규율이 아니다. 질서는 공동체를 세우지만 폭력은 결국 공동체를 무너뜨린다. 그 시절의 군사문화는 내게 두 가지를 가르쳐주었다. 하나는 질서의 필요, 다른 하나는 질서와 폭력은 다르다는 것. 폭력 위에 세워진 질서는 진화할 수 없다

는 것이었다. 동창들은 그 시절 나의 결심이 대단한 용기였다고 치켜
세우지만 그것은 대단한 것이 아니었다. 그저 내가 겪은 상처를 후배
들에게 물려주고 싶지 않았던 나의 저항이었다. 훗날 공직에서 수많
은 갈등을 마주할 때마다 나는 이 경험을 떠올린다. 그리고 사람의
존엄함을 지키고 약자를 보호할 수 있는 쪽에 서려고 노력한다.

서로의
거울이 되어

학창시절 기계를 다루는 기술 못지않게 내가 배운 것은 사람의 마음을 읽는 법, 서로를 성장시키는 법이었다. 서로 다른 배경을 가진 친구들과 부딪히고 화해하는 과정에서 '동기'이자 '동료'라는 가치를 알게 됐다.

실습장은 긴장의 끈을 놓을 수 없는 치열한 공간이었다. 기계를 잘못 다루면 큰 사고와 부상으로 이어질 수 있다. 한 순간의 부주의가 평생 되돌릴 수 없는 상처가 될 수 있음을 일찍 배웠다. 그래서 실습에서 가장 강조되는 것은 '안전'이었다.

"실습은 기술을 익히는 것도 맞지만 생명을 지키는 훈련이기도 해."

선생님들은 '숙련'보다 '안전'을 먼저 강조하셨다.

어떤 친구가 드릴을 잡은 손이 떨리면 뒤에서 손을 덮어 각도를 바로 잡아주었고, 장비 돌아가는 소리가 이상하면 곧장 달려와 멈추라고 외쳤다. 위험은 한 사람의 문제가 아니라 모두의 문제였기 때문이다. 이 과정에서 '경쟁'보다 '협력'이 더 큰 힘을 낸다는 사실을 체감했다.

　물론 처음엔 서로의 차이 때문에 충돌도 많았다. 어떤 친구는 손재주가 좋았고, 어떤 친구는 도면만 보면 머릿속에 그대로 그려지는 아이였다. 또 어떤 친구는 이론은 빠삭했지만 실습만 들어가면 어설펐다. 하지만 그 차이가 오히려 우리를 강하게 만들었다. 손재주 좋은 친구가 선두에 서면 나머지가 호흡을 맞췄고 이론에 강한 친구는 도면을 다시 체크해 실수가 없도록 다잡았다.

　차츰 우리는 서로의 실수를 감싸주고, 서로의 성공을 진심으로 축하했다. 실습실에서 한 조가 높은 점수를 받으면 다른 조에서도 박수가 나왔다. 그 박수는 경쟁자를 향한 것이 아니라 함께 노력한 동료를 향한 존중이었다.

　그 과정에서 나는 기술이 단순히 손기술의 문제가 아니라 삶의 태도를 훈련시키는 일이라는 것도 알게 됐다. 절단이 1mm만 어긋나면 전체 균형이 무너졌고 도면의 작은 오차 하나가 완전히 다른 결과물을 만들었다. 그 경험을 통해 나는 사소해 보이는 차이가 일의 성패를 가른다는 것을 깨달았다. 대충 넘긴 1mm가 결국 인생을 비틀기도 한다는 것을.

　이 정밀함의 철학은 공직에서 일을 대하는 내 태도의 바탕이 됐다.

사람의 일, 행정의 일에서도 '대충'이라는 단어가 사라지게 된 건 이 시절의 영향이 크다.

그렇게 우리는 서로에게 선생님이 되었고, 서로에게 거울이 됐다. 나는 그 속에서 '사람을 이해하는 법'을 배웠다. 그리고 그 시절 나는 깨달았다. 사람은 혼자 성장하는 존재가 아니라는 걸. 공동체는 완벽한 사람 몇이 이끄는 것이 아니라 서로의 부족함을 조금씩 채워주는 사람들이 모여 비로소 완성된다는 것을.

기계의 기름 냄새와 함께 배운 이 진실은 지금도 내 삶을 지탱하는 또 하나의 축으로 자리하고 있다. 서로의 거울이 되어 서로의 삶을 조금 더 나은 방향으로 비춰주는 것, 그것이 공동체가 가진 힘일 것이다.

진학 vs 취업
그리고
오일쇼크

———

    3학년 진급을 앞두고 교실 안 공기가 조금 달라졌다. 기숙사 방 안에서는 미래 이야기가 더 자주 오갔다. 누군가는 대기업 취업을 이야기했고, 누군가는 기능대회 준비로 밤늦게까지 실습장을 지켰다. 또 누군가는 대학 진학을 꿈꾸며 참고서를 들여다보고 있었다. 공고였지만 3학년은 진학반과 취업반이 나뉘어 있었다. 나 역시 그 갈림길 한가운데 서 있었다. 그럼에도 공부가 좋았고, 배움은 내게 다른 세상을 보여주는 창문 같았다. 더 큰 세상을 알고 싶다는 욕심이 컸다. 가족을 떠올릴 때면 마음이 무거웠지만 대학에 가서 반드시 갚겠다는 간절한 다짐이 있었다.

    결국 나는 진학 반을 선택했다. 담임선생님은 내 성적표를 보며 말씀하셨다.

    "재성아, 지금처럼만 하면 원하는 공대에 충분히 들어갈 수 있어."

    그 말은 희망으로 가득한 미래를 선물 받은 것처럼 나를 설레게 했다. 고흥을 떠나와 부산으로 오기까지 늘 눈앞의 현실을 생각했지만 이번만큼은 내 마음이 시키는 방향으로 향하고 있었다.

그러던 어느 날이었다. 아버지가 일을 하다 다쳤다는 소식을 듣게 된다. 내가 걱정할 소식들은 좀처럼 알리지 않았던 가족들이 연락을 했다는 건 아버지의 몸 상태가 심각하다는 의미였다. 대학 진학은 더 이상 '희망'이 아니었다. 선배에게 물려받은 참고서를 펼치면 펼칠수록 나로 인해 가족들의 짐은 더 무거워질 거라는 압박감이 짓누르기 시작했다. 며칠 밤을 뒤척인 끝에 나는 선생님을 찾아가 조용히 말했다.

"선생님, 진학반이 아니라 취업반으로 옮기겠습니다."

선생님은 잠시 나를 바라보더니 짧은 탄식을 뱉었다. 이미 아버지 사고 소식을 알고 계셨던 터라 나의 결정을 만류하진 못하셨다.

"재성이 넌 어느 자리에 있든 잘할 거야."

그 말에 나는 고개를 끄덕였다.

체념이나 포기라는 단어를 떠올리며 실의에 빠질 여유가 없었다. 아버지의 자리를 이제는 내가 맡아야 한다는 책임감이 나를 감쌌다.

나는 스스로에게 말해주었다. 대학을 포기하는 것이 아니라 잠시 미루는 것이라고. 더 빨리 자립할 수 있는 길이라고. 그렇게 나는 취업반으로 옮기게 됐다.

1970년대 후반과 80년대 초, 연달아 오일쇼크가 터졌다. 세상은 또 한 번 크게 흔들리고 있었다. 대학을 졸업한 사람들도 취업이 어렵다는 말이 심심치 않게 들려왔다.

기업들은 신규 채용을 줄였고, 기능 인력을 뽑던 업체들도 채용 규모를 크게 축소했다.

이미 오일쇼크 여파가 취업 시장 전체를 잠식하고 있었던 것이다. 처음부터 취업반에 있었던 친구들은 그나마 자리를 잡아갔지만, 진학 반에서 늦게 넘어온 나는 채용순위가 뒤로 밀렸다. 졸업이 가까워질수록 불안은 커졌다.

뉴스에서 나오는 기업들의 인터뷰는 한결같았다.

"지금은 뽑지 않습니다."

"오일쇼크 때문에 계획이 변경됐습니다."

마음속이 텅 빈 듯했다. 부산기계공고에서 보냈던 3년이 한순간에 흔들리는 기분이었다.

내가 선택한 길이 잘못된 것일까? 다시 방향을 정해야 하는 건 아닐까? 아등바등 열심히 살아도 언제나 패자가 되는 기분이었다. 열등감에 빠져 허우적거리고 있을 때 고향 선배 한 명이 생각지도 못한 제안을 했다.

"공무원 시험 한 번 쳐봐, 성실한 네 성격에 맞을 거야."

처음엔 공무원이란 말이 낯설었지만 곱씹을수록 이상하게 마음이 흔들렸다. 선배는 공무원의 역할이 사람을 돕는 일, 현장의 문제를 해결하는 일, 누군가의 버팀목이 되는 일이라 설명해주었다. 이 설명을 듣자 왠지 가슴 속 깊은 곳에 뜨거운 무언가가 꿈틀대는 것만 같았다.

사람들을 돕는 일, 그 곁에 서는 일. 도망치듯이 떠올린 생각이 아니라 오래전부터 내 안에서 조금씩 자라온 '감춰졌던 꿈'처럼 느껴졌다.

"그래, 한 번 해보자. 공무원에 도전해보자."

시작은 누군가의 '추천'이었지만 그 선택은 훗날 39년의 공직 생활로 이어졌고, 사람을 중심에 둔 행정의 출발점이 된다.

03

마음을 움직이는 행정의 공식

다시
가족의 품으로

오일쇼크로 모든 것이 무너졌다. 신문 경제면에는 연일 구조조정 소식이 실렸다. 결국 나는 취업을 하지 못한 채 고향 집으로 다시 돌아가야 했다. 버스 안에서 가족들의 얼굴을 떠올리자 뜨거운 무언가가 울컥 목까지 차올라왔다. 부끄럽고 죄송한 마음에 부모님을 뵐 면목이 없었다. 이대로 버스에서 영영 내리고 싶지 않았다. 하지만 고향 마을의 익숙한 골목에 들어서자 마음이 조금은 차분해지기 시작했다. 집 마당에 들어서자 어머니가 버선발로 뛰어나오셨다.

"우리 재성이 고생 많았다. 얼굴이 반쪽이 됐네, 얼른 밥 먹자."

어머니의 품은 늘 그렇듯 따뜻했지만 그날만큼은 그 따뜻함이 오히려 가슴을 아프게 때리는 것만 같았다.

"왔냐?"

마루에 앉아 계시던 아버지가 건네 그 짧은 한 마디에는 위로와 걱정, 미안함이 겹겹이 묻어 있었다.

그날 저녁 밥상에는 평소보다 반찬이 한 가지 더 놓여 있었다. 어머니가 나를 위해 아껴두었던 생선구이였다. 하지만 나는 젓가락을 들기가 어려웠다. 무언가가 목을 꽉 조여 와 삼키는 것조차 힘들었다. 방으로 돌아와 불을 끄고 누웠을 때, 부모님의 낮은 속삭임이 들렸다.

"우리 막둥이가 말수가 더 줄었네."

"내색은 안 해도 지 딴에는 많이 힘든가보네."

그 말이 귓가에 박히는 순간. 나는 베개를 움켜쥔 채 아무 소리도 내지 않고 울었다.

그 밤 무조건 공무원 시험에 붙고 말겠다는 결심을 하고 또 했다. 다음날부터 이전과는 완전히 다른 하루를 살기 시작했다. 학창 시절 내내 귓가를 때리던 기계음이 사라지고, 실습장에서 맡던 기름 냄새 대신 책장에 펼쳐진 법규와 행정 절차가 내 앞에 놓였다. 기계의 규격과 도면을 외우던 자리에는 낯설고 어려운 행정 용어들이 빼곡히 채워졌다. 처음엔 '행정'이라는 말이 어딘가 멀고 추상적인 세계처럼 느껴졌다.

하지만 공무원 시험을 권한 선배의 말이 계속 머릿속에 맴돌았다.

"공무원은 자리만 지키는 일이 아니야, 사람을 돕는 일이고, 누군가의 하루를 바꿀 수도 있는 자리야."

그 말이 이상하게 마음 깊은 곳을 두드렸다.

'사람을 위한 일', '사람이 중심이 되는 일' 이 글을 종이에 적어보았다. 책임감이라는 감정이 커지기 시작했다.

'한 번 선택한 길이라면, 끝까지 가보자.'

공무원 시험 준비를 뒤늦게 시작한 탓에 여유부릴 시간이 없었다. 나는 모든 것을 처음부터 다시 배우는 심정으로 하루 스물네 시간 대부분을 시험 준비에 쏟아부었다. 순간순간 두려움이라는 녀석이 찾아오기도 했지만 가족들의 얼굴을 떠올리며 마음을 다잡았다.

그리고 마침내 우체통에 꽂혀 있던 한 장의 봉투가 내 인생의 길을 바꿔놓았다. 바로 합격 통지서였다. 종이를 손에 쥔 순간, 숨이 잠시 멎는 것 같았다. 그 봉투 안에는 고흥에서 부산까지 이어져 온 수많은 날들이 겹쳐 있었다. 아버지에게 이 소식을 전하자, 무뚝뚝했던 그분의 표정이 환하게 밝아졌다. 웃음조차 아끼던 분이었지만, 그날만큼은 마치 자신이 합격한 사람처럼 기뻐했다. 평소 자랑이라는 걸 모르던 분이 만나는 사람마다 내 소식을 전하셨다.

"우리 재성이가 공무원이 됐어. 나라 밥을 먹게 됐다니까."

쑥스러움도 잠시 나의 존재가 아버지의 자랑거리가 될 수 있다는 사실에 가슴이 벅차올랐다.

그즈음 대우조선 합격 소식까지 전해져 가족에게 또 한 번의 기쁨을 선물한 것 같았다. 나는 이 두 갈래의 길에서 주저하지 않았다. 더 많은 사람에게 힘이 되는 삶을 살고 싶다는 변하지 않는 마음이 결국 공문의 길로 향하게 했다.

세상에서
가장 늦은
작별 인사

이 시절 대학 진학이 아닌 이상 군대를 미루는 건 사실상 불가능했다. 임용 전 군필이 사실상 필수나 다름없던 때였다. 나는 이미 공무원 시험에 합격한 터라 입대에 대한 부담감이 크지 않았다. 그때는 늦둥이 막내아들을 군에 보내는 부모님의 심정이 어떤 것인지 알지 못했다. 입대 전날 밤 부모님의 당부는 하나였다.

"몸만 성하게 돌아와."

그 짧은 한마디에 아들을 향한 걱정과 염려가 깊게 스며있었다.

군대의 일상은 단조롭고 거칠었다. 차가운 공기를 가르며 구보를 하고, 허겁지겁 밥을 먹고 나면 하루 종일 고된 제식훈련이 이어졌다. 그러나 그 시절 어린 군인들을 힘들게 했던 건 훈련만이 아니었다. 1980년대 군대는 사회 전체를 휘감고 있던 권위주의와 폭력성이 가장 짙게 응축된 공간이었다. 구타는 '군기'라는 이름으로 포장됐고, 이유 없는 집합과 얼차려가 이어져도 부당함을 말할 수 없었다.

견디기 힘들 때마다 나는 공무원이 된 나의 미래를 조용히 그려보았다. 누군가의 하루를 바꿀 수 있는 사람, 어둠 속에서 손을 내밀어 줄 수 있는 사람이 되겠다는 생각. 그 꿈이 야만의 시대 한가운데서 나를 버티게 했다.

일병이 되고 얼마 지나지 않은 어느 비 오는 날 오후였다. 훈련이 막 끝난 뒤 행정반에서 나를 불렀다. 순간 가슴이 철렁했다. 부대에서 행정반 호출은 흔한 일이 아니었다.

'내가 무슨 잘못을 했나?'

축축한 군화 속 양말이 유난히 불편했고, 왠지 모를 불길함이 몸을 짓눌렀다.

행정반 문을 열자 굳은 표정의 중대장이 종이 하나를 내밀었다.

"명 일병, 이걸 이제야 전달하게 됐다. 다 자네를 위한 결정이었네."

어리둥절해 하며 서 있는 나를 향해 중대장은 얼른 종이를 펴 보라는 듯 손짓을 했다. 전보를 펼치는 순간 온몸의 피가 한꺼번에 빠져나가는 느낌이었다.

'부친 별세. 즉시 연락 바람.'

숨이 턱 막히고 눈앞이 흐려졌다. 다시 눈을 비비고 전보를 들여다봤다. 그런데 전보를 보낸 날짜가 무려 6개월 전이었다. 뒷머리를 망치로 얻어맞은 것처럼 정신이 멍해졌다.

"왜 이제야......?"

말이 끝까지 나오지 않았다. 중대장은 단호하고 흔들림 없는 목소리로 말했다.

"다 명 일병을 위한 선택이었다."

신병은 충격에 취약해 탈영 위험이 높기 때문에 미뤘다는 얘기였다. 그 시대의 군대는 죽음마저도 '관리'와 '통제'의 대상이었다. 아버지의 임종도, 마지막 가시는 길마저 지켜드리지 못했다는 사실이 한스러웠다.

설움, 분노, 슬픔이 한꺼번에 밀려왔지만 나는 그 자리에서 아무 말도 할 수 없었다. 아버지가 돌아가신 지 반년이 지나서야 알게 되는 아들의 마음을 어떻게 표현할 수 있을까.

그렇게 나는 아버지와의 너무 늦어버린 작별을 군대에서 홀로 맞이해야 했다.

아버지의
산소 앞에서

아버지가 세상을 떠나신 지 여섯 달 만이었다. 비로소 특별휴가증을 손에 쥐고 고향 집으로 돌아올 수 있었다. 전보를 확인하던 순간이 계속 떠올랐고, 너무 늦어버린 시간을 다시 되돌릴 수 없다는 사실이 뼛속 깊이 파고들었다.

이후 듣게 된 아버지의 마지막은 내 가슴을 완전히 찢어놓았다. 아버지는 평소처럼 가족들을 위해 산에 나무하러 가셨다가 갑자기 쓰러지셨다. 다리가 풀리고 눈앞이 흐려지는 순간에도 끝까지 손에서 낫을 놓지 않으셨다. 마치 가족을 책임져야 한다는 가장으로서의 의무를 마지막까지 다하려는 것처럼.

누군가에게 발견되기를 기다리시면서 얼마나 두려웠을까. 그곳은 인적이 드문 곳이었고, 아버지의 마지막 숨결을 들어줄 이가 없었다. 그렇게 아버지는 홀로 눈을 감으셨다. 평생 가족을 위해 사신 분인데 왜 이렇게 외롭게 돌아가시게 했는지 지금도 스스로를 자책한다.

나는 처음으로 아버지의 지나온 세월을 짚어보았다. 국민을 지켜줄 조국이 없었던 일제강점기. 가난한 농부의 아들로 태어나 가장 빛나야 할 시절에 강제 징용에 끌려가 혹독한 착취를 견디며 청춘을 보내야 했다. 해방 후 돌아온 고향 집은 여전히 가진 것이 없었고, 가난 외엔 아버지에게 아무것도 내어주지 못했다.

그리고 그 메마른 삶의 터전을 함께 꾸려나갈 동반자로 당신의 운명을 닮은 한 여인을 아내로 맞이했다. 하지만 두 분이 일군 삶은 한 번의 쉼조차 허용되지 않는, 오로지 자식들을 위한 숱한 노동의 시간이었다. 아버지를 따라다닌 것은 가난이라는 평생의 굴레뿐이었다. 자식들에게 번듯한 호강 한 번 받지 못하고 그렇게 갑작스럽게 우리 곁을 떠났다.

아버지의 고난은 한 권의 역사였고, 피와 땀, 눈물로 그려진 초상화였다.

뒤늦게 아버지의 산소에 올라섰을 때, 나는 차마 고개를 들 수 없었다.

"아버지, 저 왔어요.

너무 늦게 와서 죄송해요."

꾹꾹 눌러 참아왔던 울분과 슬픔을 오래 토해냈다. 군대 안에서는 삼켜야 했던 울음, 말할 수조차 없었던 그 슬픔이 그 자리에 이르러

서야 비로소 쏟아져 나왔다.

실컷 목 놓아 울고 나서야 아버지가 남기고 간 유산은 돈도, 물건도 아닌 삶을 대하는 태도임을 깨달았다. 그저 '하루를 함부로 살지 말라'는 당부였음을 말이다.

평생 자식들을 향해 회초리 한 번 호통 한 번 치지 않으셨던 아버지. 표현은 서툴렀지만 가족들에 대한 사랑이 누구보다 깊었고, 늘 묵묵히 '네 뜻대로 해라'며 지지해주던 존재. 그런 아버지의 손길도 목소리도 다시는 들을 수 없다는 사실에 가슴에 메워지지 않을 구멍이 생긴 것 같았다.

돌아서는 발걸음이 쉽게 떨어지지 않았다. 늦게라도 찾아온 이 순간을 아버지가 알고 계시길 바라는 마음과 미안함이 뒤엉켜 마음 한쪽이 오래도록 저릿했다.

땀으로 배운
행정의 기본

군 복무를 마치고 고향 집으로 돌아왔을 때, 집안의 공기에서부터 아버지의 부재가 느껴졌다. 항상 아버지가 걸터앉아 일을 하시던 마루는 텅 비어 있었고, 손때 묻은 아버지의 물건들은 주인을 잃고 먼지가 쌓여가고 있었다. 아버지를 먼저 떠나보낸 어머니는 더 여위고 작아지신 듯 보였다. 그 모습을 보며 이제는 어머니를 위해, 우리 가족을 위해 아버지의 빈자리를 메워야겠다고 결심했다.

그 결심을 품은 채 사회로 첫 발을 내딛은 곳은 전남 여천군이었다. 지금은 여천동으로 여수시에 통합된 옛 여천군이 첫 발령지였다. 서류 업무를 익히는 데서 시작할 줄 알았던 공무원으로서의 업무는 나의 예상과 전혀 달랐다.

마침 우리나라는 1986년 서울아시안게임을 앞두고 있었다. 비록 서울과 멀리 떨어진 작은 마을이었지만 지역 전체에 새마을 미화와 정비 사업이 대대적으로 진행되던 시기였다. 책상 앞보다 현장에서 먼저 나를 불렀고, 내가 맡은 업무는 말 그대로 몸으로 뛰어야 하는 일이었다.

낮이면 페인트를 들고 마을 어귀마다 흩어져 있는 공공시설을 칠하고, 때로는 지붕 수리를 해달라는 민원 처리를 위해 생전 처음 지붕을 올라가 부서진 기와를 교체했다.

이뿐만이 아니다. 벽을 닦고, 안내판을 교체하고, 잡초를 베고, 골목 구석구석을 빗자루로 쓸었다. 길 한가운데에 놓인 노후한 시설물을 정비하는 날이면 하루 종일 땀에 절었다. 몸은 천근만근이었지만 내가 직접 손을 대면 사업비가 절감돼 그만큼 주민 부담이 줄어든다는 사실에 계속 움직였다. 지금 생각해보면 혈기왕성한 열정으로 똘똘 뭉친 신참이었기에 가능했던 것 같다.

해가 저물면 함께 봉사를 했던 주민들은 하나둘 집으로 돌아갔지만 나는 그제야 사무실로 다시 출근을 했다. 낮 동안의 현장 사진을 정리하고, 사업보고서를 작성하고, 주민부담금 정산표를 맞추다 보면 어느새 밤 10시를 넘기기 일쑤였다. 새벽 공기를 맞으며 귀가한 날도 많았고, 토요일과 일요일도 제대로 쉰 기억이 거의 없다. 그해는 '퇴근'이라는 단어 자체가 낯설 정도로 바쁜 시기였다. 그러나 나는 그 시절을 단 한 번도 힘들었다고 말한 적이 없다. 그 바쁜 날들이야말로 내가 공직자의 기본기를 몸에 새기던 시간이었기 때문이다.

새마을사업은 보조금 50%, 주민 부담 50% 구조였다. 사업이 늘어날수록 주민들 부담도 함께 늘어났고, 나는 그 부담을 조금이라도 덜어주기 위해 현장에서 몸으로 부딪히는 일이 더욱 늘었다.

"우리 명 서기는 나이도 어린 사람이 일머리 하난 끝내줘."

마을 분들은 손끝이 야물다며 아낌없이 칭찬을 했고 고맙다는 말을 자주 건넸다. 행정이라는 것은 책상 위의 서류도 중요하지만 주민 옆에서 흘린 땀 한 방울이 더 큰 신뢰를 만든다는 것을 배우게 됐다. 그렇게 주민들은 나를 '일 잘하는 공무원'으로 기억하기 시작했다.

그 시절 반복되는 페인트칠 속에서, 늦은 밤 홀로 마주하던 서류철 앞에서 나는 나만의 행정 철학을 조금씩 만들어 갔다.

누구도
홀로
떠나지 않도록

초임 공무원에게는 늘 여러 가지 일이 한꺼번에 주어지기 마련이었다. 새마을 업무로 하루를 시작하던 그 시절 나는 사회복지 업무도 함께 맡게 됐다. 이 일은 사람의 탄생과 죽음을 모두 마주하는 일이었다. 그중에서도 신입 공무원에게 잊을 수 없는 기억을 안겨준 건 무연고자 사망자 처리였다. 이름도, 가족도, 애도해줄 이도 없는 마지막 순간을 행정이 대신 챙겨야 하는 업무였다.

첫 무연고자 사망 통보를 받았던 날, 서류에는 이름과 주민등록번호, 사망일자만 덩그러니 적혀 있었다. 그의 마지막을 함께할 사람이 아무도 없다는 뜻이었다. 국가에서 정해진 최소한의 비용이 지원되긴 했지만 그 금액은 턱없이 부족했다. 누구든 세상을 떠나는 마지막 순간만큼은 존중받길 바랄 것이다. 그러나 살아서도 죽어서도 홀로인 그의 인생이 안타깝고 서글펐다.

그래서 나는 사비로 제사용품을 마련했다. 향과 술, 간단한 음식 몇 가지를 챙겨 그를 보냈다. 공무원으로서의 규정이나 의무는 아니었지만 그의 인생을 정리하는 마지막 인연으로서 최소한의 예를 갖추고 싶었다.

이 일을 계기로 주변 선배들은 좋은 일을 했으니 하는 일이 잘될 것이라는 얘기로 나를 다독거려주었다. 이 말은 신참 공무원에게 보내는 격려였다. 그 이후로도 무연고자 사망자 업무가 있을 때면 나는 늘 같은 마음으로 임했다. 공무원으로서 정해진 절차를 수행하는 동시에 한 사람의 마지막을 최대한 존중하려 애썼다.

무연고자 업무를 처음 맡았을 때 가장 어려웠던 것은 그 마음을 누구에게도 쉽게 설명할 수 없다는 점이었다. 동료들과 업무 이야기를 나누다 보면 자연스레 웃음이 섞이고 일상의 농담이 오갔지만 방금 전까지 한 사람의 마지막을 마주하고 왔다는 사실은 말끝에 담기 어려웠다. 그 고요한 시간을 스스로 통과하면서 나는 공무원의 일에는 종종 '말하지 못한 고독'이 따라붙는다는 사실을 알게 됐다. 그리고 그 고독을 견디는 힘이 쌓이면서 비로소 사람의 마지막 앞에서 흔들리지 않는 마음이 만들어졌다.

그리고 그 일을 몇 번이고 겪으며 나는 '사회적 고립'이라는 현실을 더 깊이 바라보게 됐다. 가족과의 연이 끊어지거나, 생계를 스스로 책임지지 못하거나, 공동체와 떨어져 지내는 이들은 결국 마지막 순간조차 누군가의 도움을 필요로 한다. 그들의 마지막을 챙기며 나는 우리 사회에 보이지 않는 틈이 얼마나 많은지 목격했다.

행정이 '결정'보다 '관찰'에 더 많은 시간을 써야 하는 이유이기도 하다. 서류만으로는 보이지 않는 사람들의 상처, 말로 표현하지 못한 고립감, 작은 도움을 요청조차 할 수 없는 삶의 흔적들이 조용히 쌓여 있었다. 현장의 공기 속에서 나는 점점 더 많은 신호를 읽게 됐다. 말로 도움을 청하지 않더라도, 누군가의 집 안에 쌓인 쓰레기봉투, 이웃과의 단절된 관계 같은 것들이 이미 SOS 신호였다는 것을 알게 됐다.

행정은 이 신호들을 '민원'이라는 이름으로 수렴하는 것이 아니라, 미리 찾아가 조용히 손을 내미는 일이어야 한다.

행정은 결국 사람에게 닿아야 한다는 것이다. 그 어떤 거창한 정책을 내세워도 사람이 빠진 행정은 본질을 잃게 된다는 사실을 그때 깨달았다.

행정의 목적이 '사람을 편하게 하는 것'이라면, 행정의 품격은 '사람을 존중하는 마음'에서 나온다고 믿게 된 것이다.

04

고양에서
성장의 파도를
건너다

공무원이
이런 일도 해?

전라남도 여천군을 거쳐 나의 두 번째 근무지는 경기도 고양군이었다. 지금의 고양시는 아파트가 빼곡한 인구 백만의 도시지만 내가 첫발을 디뎠던 당시만 해도 소박하고 한적한 농촌의 풍경이 남아 있던 곳이었다. 서울과 가까웠지만 삶의 속도는 여유로웠다. 나는 이곳에서 어떤 시간을 건너게 될지 알지 못한 채 막연한 설렘과 책임감 안고 올라왔다.

고양군에서도 공무원들의 업무는 영농 행정이 핵심이었다. 그야말로 365일이 농사 일정에 맞춰져 있었다. 봄이면 메인이벤트로 쥐잡기가 시작됐다. 요즘 세대에겐 생소할 일이지만 당시에는 매우 중요한 일이었다. 늘어난 쥐로 인한 농작물이 망가지는 일이 빈번했다. 그래서 공무원들은 쥐덫을 나눠주었고 주민들이 잡은 쥐를 직접 확인하기도 했다.

때때로 농민들 중엔 자랑하듯 쥐를 한가득 가져오기도 했는데, 그 광경을 보고 내가 기겁하자 선배들과 주민들은 '명 서기, 저기 쥐!'라며 놀려댔다.

이렇게 함께 웃고 땀 흘리며 보낸 그 시간은 주민들과 마음을 잇는 매듭이 됐고 한층 가까워지게 만들었다.

여름이 되면 내리쬐는 뙤약볕 아래서 논이나 밭 사이에 자란 잡초를 뽑아내는 이른바 '피사리 제거'를 해야 했다. 주민들과 함께 허리 굽혀 잡초를 뽑다 보면 온몸에 땀범벅이 됐다. 아들 같은 어린 공무원이 일손을 보태는 것이 기특했는지 일이 끝나고 나면 직접 키운 야채며 과일을 내 손에 들려주었다.

가을은 '퇴비 평가'의 계절이었다. 각 마을이 1년 농사를 준비하며 만들어놓은 퇴비의 질과 양을 확인하는 일이다. 말은 평가지만 실제로는 거의 '발로 뛰는 조사'에 가까웠다. 마을 창고의 냄새와 흙먼지 속에서 주민들과 함께 퇴비를 이리저리 뒤집어보며 상태를 확인했다. 그 과정에서 농사 이야기가 자연스럽게 이어졌고, 나는 어느새 농민들의 삶을 더 깊이 이해하게 됐다.

겨울에는 해충을 없애기 위한 '논 갈기'를 빼놓을 수 없다. 땅속에 숨어있는 해충의 알이나 유충, 잡초의 종자 등이 겨울 추위에 노출되어 죽게 되므로, 이듬해 병충해와 잡초 발생을 줄이는 데 효과적이다. 차가운 바람이 뺨을 때려도 삽을 들고 흙을 뒤집다 보면 몸에서 금세 열이 올라왔다. 해가 짧아 일찍 어두워지면 주민들은 꼭 밥 한 술이라도 먹고 가라며 뜨끈한 국을 내주었다. 그 한 그릇의 온기가 내게는 큰 격려였다.

새마을운동의 연장선에 있던 정비사업도 빠질 수 없었다. 도로변 풀 깎기, 마을 청소 독려, 농가 일손 돕기까지. 공무원이라고 해서 주민들에게 지시만 하는 시대가 아니었다. 함께 호미를 쥐고 함께 땀을 닦으며 함께 걸어가야 하는 현장이었다.

"공무원이 이런 걸 다 해?"

종종 지원 나온 공무원을 보고 놀라는 목소리도 있었다.

이렇게 신뢰를 쌓다보면 서류로는 결코 알 수 없는 마을의 사정들이 그제야 비로소 들리기 시작했고, 불편한 것이 있으면 찾아가 확인하고 부족한 것이 있으면 함께 해결했다.

내 마음의 닻,
이춘심

고양군에서의 하루는 온통 업무에 파묻혀 지내던 시절이었다. 쌓인 피로를 털어내며 술 한 잔을 나눌 친구도, 투정부릴 가족도 곁에 없어 외로움을 크게 느끼던 시기였다. 그 당시 내가 가장 의지했던 사람은 어머니였다.

스무 살이 훌쩍 넘었지만 어머니가 오시는 날이면 괜히 마음이 들떴다. 남쪽 끝 고흥에서 북쪽 끝 고양까지 무려 왕복 800km가 넘는 거리를 오가며 나를 챙기셨다.

KTX, SRT도 없던 시절에 고흥에서 광주로, 광주에서 서울로 그리고 다시 서울에서 고양으로 이어지는 고단한 여정이었다.

어머니는 고흥에서 가져온 반찬을 꺼내 놓고 당신이 시사는 잊은 채 내가 먹는 모습을 흐뭇하게 바라보셨다. 끼니를 챙기는 것조차 귀찮을 만큼 지친 날에도 어머니의 국 한 그릇이면 기운이 차오르곤 했다. 지금 돌아보면 나는 참 철이 없던 아들이었다.

"혼자서도 잘 지내요, 다 큰 아들 뒷바라지 이제 그만하세요."

아버지 없이 홀로 감당해야 하는 고흥에서의 삶도 벅찼을 텐데 나는 왜 어머니에게 이 말을 하지 못했을까?

그러다 문득 내가 빨리 가정을 이루고 안정된 모습을 보여드리는 게 어머니에게 가장 큰 효도일지도 모른다는 생각이 들었다. 마침 그 무렵 내 삶에 변화가 찾아왔다. 새로운 보직도, 승진의 기회도 아니었다. 평생을 함께할 지금의 아내였다.

지인의 소개로 만난 그녀는 말수는 적었지만 수줍게 건네는 한마디 한마디에 배려와 따뜻함이 배어 있었다. 그녀 앞에서 이상하리만큼 쉽게 마음의 빗장이 열렸다. 누구에게도 하지 않았던 어린 시절의 가난과 아버지를 잃은 슬픔 그리고 갓 시작한 공직 생활부터 앞으로 삶의 계획까지 처음 만난 날 모두 털어놓고 말았다. 그녀가 부담스러워할까 마음을 졸였지만, 그녀는 오히려 진솔하고 듬직하게 봐주었다.

금세 우리는 서로의 빈자리를 채워주는 존재가 됐고, 내가 스물여섯, 그녀가 스물다섯 되던 해 평생의 짝이 됐다. 가진 거라곤 몸밖에 없던 나를 만나서 지난 36년 동안 아내는 두 아이를 낳고 키우며 누구보다 치열하게 살았다. 내가 다른 사람의 민원을 해결하느라 정작 아이들과 집 안의 대소사를 제대로 챙기지 못할 때도 아내는 한 번도 서운하다는 말을 하지 않았다. 그녀의 헌신과 뒷받침이 있었기에 내가 여기까지 올 수 있었다.

세월이 흘러 아내는 그때쯤 일을 시작했다.

서 있는 시간이 긴 탓에 다리가 붓고 손이 저려도 아내는 일을 놓지 않았다. 내가 구청장이 됐을 때도, 도의원이 됐을 때도 아내는 묵묵히 일을 이어갔다. 그리고 지난해 12월 정년을 다 채우고 퇴직했다. 그 성실함과 책임감이 그저 고맙고 또 미안하다.

"내 그늘을 당신의 빛으로 밝혀주었고,
삶의 고비마다 내 손을 잡아주었기에
지금의 내가 있다고 생각해.
내 인생에서 가장 잘한 일이 있다면
당신을 만난 거야.
나와 가족을 지켜준 당신,
정말 수고했고, 정말 많이 사랑합니다."

변화의 한가운데서
- 고양군, 시(市)가 되다

고양군에서 보낸 첫해는 영농 행정으로 하루가 흘러가던 시절이었다. 하지만 결혼을 하고 자리 잡기 시작한 지 채 5년이 되기도 전에 고양의 풍경이 조금씩 달라지기 시작했다. 논두렁 사이로 아파트 공사가 시작됐고, 장터 옆으로 오래된 건물은 철거되고 새로운 철골 구조물이 세워졌다.

수도권 주택난 해소라는 국가 시책에 따라 고양은 어느새 '도시'를 향해 몸을 키우고 있었다. 일산신도시개발계획이라는 거대한 이름이 고양군의 고요함을 깨뜨린 것이다. 행정 체계도 그 변화의 속도를 따라가기 위해 분주히 움직였다.

'고양군'이 '고양시'로 전환되는 작업이 본격화되면서 행정구조가 대대적으로 전환되는 이 거대한 파도를 누구보다 가까운 곳에서 경험할 수 있었다.

가장 먼저 달라진 건 민원이었다. 예전에는 농사 문제, 마을 정비, 생활 기반의 작은 불편 등이 대부분이었다. 하지만 도시화가 시작되자 주민들은 안전, 교통, 소음, 학교 신설 같은 민원을 제기했고, 때론 변화에 대한 불안, 토지 이용 문제, 개발 속도에 대한 불만을 털어놓았다. 한쪽은 '더 빨리', 다른 한쪽은 '좀 천천히'라며 서로 다른 요구를 들고 왔다.

이 상반된 요구들을 어떻게 조화시킬 것인가. 그 문제는 모두 공무원들의 몫이었다. 행정 조정 회의는 밤늦도록 이어졌고, 도시계획과 농정과, 건설과와 민원실 사이에는 하루에도 수십 번씩 의견 충돌이 있었다. 난생처음 경험한 대규모 행정 개편 속에서 나 역시 여러 부서의 업무를 넘나들며 자료를 모으고 현장을 확인하느라 눈코 뜰 새가 없었다.

그 시기 나는 '도시의 성장통'이라는 것을 처음으로 이해하게 됐다. 도시는 빨리 커지지만, 사람의 삶은 그 속도를 따라가지 못한다는 사실을.

아파트가 들어서며 인구가 폭발적으로 증가했지만 교통망, 병원과 학교 같은 인프라 확충은 더디었다. 이로 인해 신도시 주민들은 출퇴근 지옥, 학교 과밀화, 상업시설 부족 등의 성장통을 겪어야 했다.

또한 공무원들은 하루가 멀다 하고 바뀌는 행정 지침에 적응해야 했다. 조직의 직제가 바뀌고, 부서의 업무가 재편되고, 민원 유형이 완전히 달라졌다.

어제까지 군청 직원이던 우리는 오늘부터는 '도시 행정의 주체'가 되어야 했다.

그 변화 속에서 나는 단순히 주어진 일을 처리하는 공무원이 아니라 '도시의 성장 방향을 고민하는 행정가'로 한 걸음 나아가고 있었다.

군이 시가 된다는 건 단순히 이름표가 바뀌는 일이 아니었고. 그것은 고양이라는 공간의 쓸모를 새롭게 다시 디자인하는 작업이었다. 그리고 나는 그 역사의 한가운데에서 도시가 성장할 때 반드시 '사람의 삶'을 중심에 놓아야 한다는 사실을 몸으로 배웠다.

고양군에서 고양시로 행정의 시대가 바뀌던 그 시절의 경험은 내가 이후 수십 년 동안 행정을 바라보는 시각의 핵심이 됐다.

성장이란 숫자의 팽창이 아니라 사람들의 절실함을 얼마나 섬세하게 다룰 수 있는가의 문제라는 것을, 그 안의 사람들이 얼마나 편안하게 살 수 있는가로 것으로 완성된다는 것을 가르쳐주었다.

이후 내가 어떤 자리에 있든 어떤 규모의 정책을 다루게 되든지 항상 주민들의 목소리를 먼저 들으려 애썼다. 교통난에 시달리던 직장인의 피로, 학교 부족으로 불안해하던 학부모의 얼굴, 그리고 대형 개발에 밀려나는 농민의 탄식. 이 모든 것이 나에게는 정책의 최종 검토지였다. 빠른 발전만이 능사가 아니며, 성장의 열매는 모두에게 공평하게 돌아가야 한다는 확신이 나의 공직 생활 전체를 관통하는 핵심 가치가 됐다.

도시가 묻는
새로운 질문들

도시가 커진다는 것은 단지 건물이 올라가는 일만을 뜻하지 않았다. 그 변화는 가장 먼저 우리가 앉아 있는 책상 위에서 시작됐다. 서류와 문서의 용어부터 달라지기 시작한 것이다. '농업진흥' 대신 '주거환경', '용수 관리' 대신 '도시계획', '마을 단위' 대신 '생활권 단위'로 바뀌었다.

나는 이 새 개념들을 매일같이 배웠다. 교통량 예측, 도시 형태 분석, 주택 수급, 환경 기준, 교육 인프라 계획까지. 군청 공무원이 일상적으로 다룰 리 없던 개념들이 당연히 알아야 할 기본이 됐다. 나는 다시 신입이 된 마음으로 밤마다 법령 책을 펼쳤다.

회의실도 언제나 뜨거웠다. 누구도 답을 갖고 있지 않았기 때문이다. 책상 하나를 사이에 두고 부서 간의 논리가 부딪쳤다. 농정과는 원주민의 토지 불안정성을 걱정했고, 도시계획과는 신도시 조성을 위한 기반 시설의 속도를 강조했다. 민원실은 하루에도 수십 명의 불안과 화를 받아내며 지쳐갔다. 하지만 모두가 '더 나은 답'을 찾기 위해 부딪히고, 수정하고, 다시 고민하던 시기였다.

한 번은 농사짓던 마을에 처음으로 대형 크레인이 들어왔을 때 주민들이 군청으로 몰려와 "집 뒤에 저게 왜 서 있느냐?"며 거칠게 항의하기도 했다. 반대로 새로 입주한 신도시 주민들은 "가로등 추가 설치를 언제 해줄 거냐?"며 민원을 넣었다.

나는 어느 날은 장화를 신고 농민들과 논두렁을 살피다가 다음 날은 정장 차림으로 아파트 시공 현장의 소음 측정기를 들고 주민 설명회에 서야 했다. 이렇게 도시화는 두 세계를 조화롭게 만드는 일이었다.

새로운 직제가 생기고, 전문 인력이 투입되고, 전략 부서가 신설되면서 오랫동안 군청을 지켜온 선배들은 낯선 세계 앞에서 당혹감을 감추지 못했다. 도시의 성장은 공무원에게도 성장의 요구였다. 행정이 먼저 배우고 적응하며 새로운 것을 민첩하게 받아들여야 했다.

이 과도기는 '도시가 나에게 던진 첫 질문들'을 배운 시절이었다. 변화가 두렵지 않은 사람은 없었다. 하지만 변화가 멈추는 순간 도시의 성장도 멈춘다는 것을 알았다.

어제까지 '군청 서기'로 불리던 내가 도시 전문가들과 수천억 원대 예산이 걸린 인프라 사업을 논의하는 주체가 되어 간다는 것이 두렵기도 했다. 그러나 그 두려움은 곧 책임감으로 바뀌었고, 그 책임감은 다시 전문가로서의 자부심을 만들어주었다.

나는 그저 시키는 일을 하는 공무원이 아니라 변화의 방향을 읽고 그 속도를 조절하며 새로운 도시의 설계를 책임지는 주도적인 행정가로 성장해가고 있었다.

그리고 논두렁에서 땀 흘리며 피사리를 제거했던 경험과 쥐덫을 들고 마을을 뛰어다녔던 시간들은 이 첨예한 갈등을 해결하는 뜻밖의 연결고리가 됐다. 민원인과 마주 앉을 때도 가장 중요한 것은 그들의 불안에 진심으로 공감하며 불안의 이면을 읽어내는 힘이었다.

도시가 커질수록 행정은 더 많은 선택과 결정을 요구했다. 그 선택 앞에서 나는 서류만으로는 판단할 수 없다는 것을 깨달았다. 현장을 직접 걸어보고, 사람들의 말을 곱씹어 보고, 마음속 저울에 이익과 손해뿐 아니라 '삶의 무게'까지 함께 올려두어야 했다. 그 과정에서 나는 행정의 속도보다 방향이 중요하다는 단순하지만 결코 쉽게 깨달을 수 없는 원칙을 몸으로 익혀갔다.

폐정수장의 부활,
보이지 않는
가치를 발견하는 눈

고양시로 전환돼 도시 행정 체계가 자리 잡아가던 무렵 나는 새로운 직책을 맡게 됐다. 바로 예산을 직접 다루는 자리인 상수도사업소 경리팀장이었다. 도시가 빠르게 커지면서 상수도 수요도 폭발적으로 늘었고 그에 따라 시설을 유지·보수하고 노후관을 교체하며 신규 인프라를 확충하는 일이 시급했다. 예산은 늘 부족했고 필요한 사업은 산더미였다. 민원 역시 거의 매일 발생했다.

그때 나는 비로소 '돈'이 행정의 혈관이라는 사실을 실감했다. 예산은 시민들의 혈세인 만큼 나는 공사비 한 줄, 기자재 구매 단가 하나도 허투루 볼 수 없었다.

"팀장님, 이 정도는 그냥 넘어가셔도…."

이런 말을 들을 때마다 나는 오히려 더 꼼꼼히 살폈다. 누군가의 세금으로 돌아가는 사업이라면 누군가 반드시 한 번은 더 확인해야 한다고 믿었다.

그 믿음 때문에 미움도 샀지만 시간이 지나서는 명 팀장은 믿고 맡길 수 있다는 평가도 따라왔다. 그것은 내가 얻은 최초의 '행정가로서의 명성'이었다.

그 시절 가장 오래 기억에 남는 일은 폐정수장의 재활용 문제였다. 오랫동안 사용되지 않아 방치된 정수장 시설은 유지비만 계속 들어가는 애물단지였다. 그러던 어느 날 다른 부서에서 수중 촬영장으로 활용이 가능하다는 아이디어를 가지고 찾아왔다. 당시만 해도 국내에서 제대로 된 수중 촬영 시설은 드물었다. 드라마나 영화 제작진은 깊은 물에서의 장면을 찍으려면 안전 문제나 날씨 때문에 애를 먹었다는 이야기를 종종 들었다.

나는 그 제안을 처음 들었을 때 '폐정수장과 영화 촬영'이라는 뜻밖의 조합에 잠시 웃음이 나왔다. 하지만 곧바로 그 웃음이 사라졌다. 버려진 시설을 되살리고, 새로운 기능을 부여한다면 도시에 또 하나의 가능성이 생기는 것이 아닐까?

나의 역할은 예산의 규모와 사업의 타당성을 판단해 승인하는 일이었다. 시설의 구조, 깊이, 접근성 등을 살펴보니 의외로 가능성이 보였다. 무엇보다 버려진 시설을 살려 도시의 새로운 자산으로 바꾸자는 제안이 마음을 움직였다. 나는 사업의 틀을 잡기 위해 며칠 동안 자료를 모으고 시간이 날 때마다 현장을 방문했다. 비용 대비 효과, 안전성, 다른 촬영장의 사례까지 꼼꼼히 검토했다. 성격상 모험을 즐기는 편은 아니었지만 그 일만큼은 왠지 모르게 마음이 간질거렸다.

"해봅시다."

나는 그렇게 결재 도장을 찍었다. 그 결정은 훗날 도시가 영화·영상 산업 기반을 갖추는 첫 단추가 됐다.

그리고 시간이 흘러 미래전략국장을 맡았을 때 다시 그 정수장 앞에 서게 되는 일이 생겼다. 이제는 단순 수중 촬영장이 아니라 전천후 촬영이 가능한 전문 스튜디오로 확장해야 한다는 의견을 살피기 위해서였다. 당시 아쿠아 스튜디오는 비가 오면 촬영을 멈춰야 했고 겨울이면 물이 얼어 제대로 운영이 되지 못하는 상황이었다.

17억 원. 아쿠아 스튜디오의 시설을 보다 전문적으로 업그레이드하는 데에 드는 비용이었다.

"지금 이게 꼭 필요한 사업인가?"

"다른 예산도 부족한데 왜 엉뚱한 데 예산을 낭비 하냐?"

이 예산을 편성하기까지 내부 반대도 컸다. 하지만 나는 도시가 앞으로 나아가기 위해서는 새로운 산업 기반이 반드시 필요하다고 확신했다. 덮개를 설치하고, 방음벽을 세워 사계절 내내 이용할 수 있도록 하는 수중촬영 전문 스튜디오 설계안을 짰다. 그해 결국 관련 예산을 통과시켰다.

이후에 그 시설은 영화 〈해운대〉의 촬영지로 쓰였다. 고양의 이름이 스크린에 등장했던 순간을 잊지 못한다. 폐허 같은 공간이 '도시의 가능성'으로 변화하는 순간을 처음부터 끝까지 지켜본 사람으로서 벅차기도 했다. 이것은 훗날 '고양 K-컬처밸리'라는 거대한 결실을 맺게 한 작은 씨앗이자 시작점이었다.

예산은 도시의 미래를 설계하는 붓이었고 행정가의 판단은 시민의 삶을 바꾸는 선 하나였다. 이 시절 쌓인 경험들은 훗날 구청장과 정치인으로 이어지는 모든 경로의 근육이 됐다. 도시가 성장하는 동안 나는 '돈을 쓰는 법'이 아니라 도시를 위해 어디에, 어떻게, 왜 써야 하는지를 배우고 있었다.

05

행정의
일타강사라 불리다

상식이 된 혁신,
희망보직신청제의 탄생

인사과는 조직의 공기와 기류가 모두 모여드는 자리였다. 그곳에서 나는 행정의 품질은 제도나 예산이 아니라 결국 사람이 결정한다는 사실을 깊이 절감했다. 인사가 만사라는 말은 불변의 진리였다.

당시 인사 행정은 대개 이렇게 작동했다. 어떤 직원이 한 부서에서 일을 잘하면 인사 기록카드에 적힌 경력 때문에 계속 같은 부서로 배치되는 구조였다.

조금 극단적으로 표현하자면 국제 업무를 잘하는 직원도, 외국어에 능한 직원도 청소과 경력이 많으니 계속 그 일을 맡아야 하는 식이었다.

때로는 잘할 수 있는 일을 맡고도 '관행'이라는 이유로 전혀 다른 보직으로 이동해야 하는 일이 반복됐다.

나는 늘 의문이 들었다.

"왜 원하는 자리에서 능력을 펼칠 기회를 얻지 못하는 걸까?"

사람의 재능과 열정이 제대로 쓰이는 곳에서 일을 한다면 조직이 더 강해질 수 있다는 믿음이 있었다. 그래서 나온 아이디어가 바로 '희망보직신청제'였다. 직원이 스스로 희망하는 보직을 공식적으로 신청할 수 있도록 하는 제도였다.

"조직의 균형이 무너진다."

"현실성이 없다"

하지만 기존 시스템에 젖어 있던 이들의 수많은 반대에 부딪혔다.

이 제도가 실행되기 위해선 적성과 전문성을 기록하고 평가하는 전산 시스템 구축, 부서장 평가와 직원 자체평가를 포함한 이중 검증 구조, 편견과 사적 개입을 막기 위한 '보직 선정위원회' 도입, 전문성 기반 배치의 원칙화 등이 필수적이었다.

이를 제도화하기 위한 회의가 수십 번 열렸고, 마침내 나의 아이디어가 반영된, 이제는 전국 지자체의 상식이 된 희망보직신청제가 시행됐다.

희망보직제가 실시되고 얼마 되지 않아 한 직원이 나를 찾아왔다.

"과장님, 이번에 제 희망 보직이 받아들여졌습니다.

제가 하고 싶은 일을 할 기회를 얻었습니다."

그 말은 마치 창문 너머로 신선한 바람이 불어오는 것처럼 나를 설레게 했다. 선정위원회는 그의 전문성을 인정해 새로운 기회를 주었고, 그는 얼마 되지 않아 일 잘하는 직원으로 소문이 났다. 처음 만들어진 작은 변화였지만 조직 전체에 잔잔한 물결처럼 퍼져나갔다.

희망보직제의 도입 후 직원들의 이직률과 병가 사용률이 줄고, 업무 만족도는 눈에 띄게 올라갔다. 적성에 맞는 사람이 오니 각 부서별 업무 효율이 놀랄 만큼 향상됐다.

희망보직제 이후 조직 내 불만과 불신은 줄었고 그 제도는 오랫동안 미뤄졌던 공정한 행정의 첫 발걸음이 됐다. 이 경험으로 조금의 용기와 상상력만으로도 조직의 공기와 그 속의 사람을 달라지게 만들 수 있다는 교훈을 얻게 됐다.

보육 교사가 행복해야
우리 아이가 행복하다

내가 고양시 복지여성국장으로 일할 때였다. 보육단체에서 면담이 들어왔다. 아파트가 늘어나면서 어린이집도 크게 증가했고, 보육교사 수요 역시 폭발적으로 늘어나던 시기였다. 하지만 정작 현장에 가보면 보육교사들은 늘 지쳐 있었다. 겉으로 드러난 미소 뒤에는 낮은 급여와 열악한 처우, 과도한 업무와 보호받지 못하는 노동 환경이 자리하고 있었다.

"우리는 아이들을 사랑으로 돌보고 있지만 정작 우리를 돌봐주는 제도는 없어요."

그 말이 가슴에 오래 남았다.

그날부터 나는 보육현장을 찾아다녔다. 내가 본 현장은 '한 사람의 헌신이 도시의 아이들을 지탱하는 구조'였다. 교사들은 아이들을 돌보느라 점심도 허겁지겁 먹기 일쑤였고, 휴게시간이 있다고 하지만 사실상 존재하지 않았다. 대체교사 제도도 이름뿐 긴급 상황에도 제대로 활용할 수가 없었다. 보육교사의 처우가 개선되지 않으면 결국 가장 큰 피해자는 우리 아이들이었다, 나는 보육교사들의 그 간절한 외침을 결코 외면할 수 없었다.

나는 전반적인 보육 현황을 다시 들여다보기 시작했다. 지원금, 인력 배치 기준, 시설현황, 교사 1인당 돌봄 비율까지. 내가 내린 결론은 아이들이 미래의 희망이라고 말하면서 정작 이 아이들을 돌보는 보육교사는 철저히 소외되고 있다는 모순이었다.

보육교사 처우 개선 방안의 핵심은 임금 인상을 위한 경기도비와 고양시비의 비율 조정이었다. 당시 구조는 경기도가 30%, 고양시가 70%를 부담하는 상황이었다. 고양시는 이미 빠르게 성장하는 도시였고 시의 재정 부담도 컸다.

"처우 개선을 위해서는 도비 비율을 조정해야 합니다."라고 내가 말하자 고양시 내부에서도 난색을 표했다.

"국장님, 이건 고양시가 먼저 나서면 안 됩니다."

"다른 시·군도 아직 손도 못 대고 있습니다."

"경기도 예산도 한정돼 있습니다."

모두 틀린 말은 아니었다. 그러나 '틀리지 않음'이 '옳음'이라는 뜻은 아니었다.

교사들은 매주 시청을 찾아왔다. 민간·시립 어린이집 연합회까지 모두 한목소리였다.

급기야 그들은 말했다.

"국장님, 처우 개선이 안 되면 대규모 시위를 하겠습니다.

우린 더는 버티기 어렵습니다."

그 말에서 나는 보육의 위기를 느꼈다. 보육교사 처우 개선은 결국 아이들의 안전을 지키는 일이기도 했다. 고양시 관련 부처의 공무원도 이들의 절박함에 더 이상 반대의 목소리를 내지 않았다.

고양시의 의견을 모았다고 해서 끝난 것이 아니었다. '도비 증액'을 관철시키기 위해서는 경기도를 직접 설득해야 했다. 나는 보육단체 임원들과 경기도청의 문을 두드렸다.

도 관계자들과 치열한 논의가 이어졌고, 이후 여러 차례의 회의와 검토 과정이 진행됐다. 결국 도비 증액이 이뤄졌다.

고양시는 증액된 도 예산을 받아 보육교사 처우 개선안을 정식으로 편성했다.

그리고 도의원이 된 후 경기도의회 예결위 간사로 일하며 나는 다시 같은 문제를 마주했다. 이번엔 고양만의 문제가 아닌 경기도 내 보육교사의 처우를 개선해야 하는 과제를 맡게 된 것이다.

"우리나라의 가장 큰 문제가 낮은 출산율이지 않습니까? 바로 그렇기 때문에 보육교사를 지켜야 합니다. 보육교사 처우 개선을 통한 양질의 돌봄이 바로 출산율 문제를 해결하는 지름길입니다."

나의 이 말에 반대하던 타당 의원들도 고개를 끄덕였다. 미래 세대를 가장 가까운 곳에서 돌보는 이들의 존엄함과 자부심을 지키는 일은 미래에 대한 투자이자 나라의 지속 가능성을 지키는 일임을 누구도 부정하지 않았다. 이 사안만큼은 정쟁이 비집고 들어설 틈이 없었다.

백혈병 딸아이를 둔
가족의 눈물

지금도 떠올리면 마음이 훈훈해지는 한 아이가 있다. 민원 보고서 속에서 이름을 알게 된 10살 소녀였다. 수많은 민원 보고서 중에서도 그 안에 적힌 내용은 유난히 무거웠다.

'백혈병을 앓는 ○○○ 어린이, 의료비 지원이 안 돼 어려움을 호소'

부모는 갑작스레 찾아온 딸아이의 치료비를 더 이상 감당할 수 없었고, 결국 긴급 지원을 신청한 것이었다. 하지만 어째서인지 규정에 따라 '지원 불가'로 분류돼 있었다.

가정 형편, 치료 경과, 병원비 증가 속도 등을 꼼꼼히 살피며 가능한 모든 방법을 찾아보고 싶었다. 나는 담당직원과 함께 병원을 찾아갔다. 아이의 부모님은 제발 딸을 살려달라며 하염없이 눈물을 흘렸다. 어떠한 위로의 말도 건넬 수 없었지만 그 눈물을 닦아 줄 수 있는 방법을 반드시 찾아야겠다고 결심했다.

의료사회복지사를 찾아가 치료비가 급증한 이유를 듣고 자문을 구했다. 그동안 활용되지 않았던 민·관 협력 기금을 연결할 수 있는 가능성을 검토하며 지원 가능한 여타 제도는 없는지 사방으로 뛰어다녔다.

그러다 서류 속 '지원 불가'를 다른 문장으로 바꿀 수 있는 길을 찾아냈다. 행정 절차 안쪽에 있는 또 다른 문이었다. 그 문을 열기 위해 필요한 것은 노력과 정보, 그리고 끝까지 포기하지 않는 의지였다.

얼마 후 지원이 결정됐고, 아이는 치료를 이어갈 수 있었다.

"국장님, 감사합니다."

수화기 너머로 들리던 아버지의 떨리던 목소리가 잊히지 않는다.

그리고 몇 년 후 아이가 치료를 무사히 끝내고 건강하게 학교로 돌아갔다는 소식을 전해 들었다. 나의 39년 공직생활 중에서 가장 보람되고 감동적인 순간이었다.

이 일은 나 혼자만의 노력으로는 불가능했다. 재정 부서는 예산 항목의 유연성을 확보하기 위해 논리를 다듬었고, 시스템이 놓친 절박한 생명을 구하기 위해 조직 전체가 일사불란하게 움직였기에 가능했다.

이 경험을 통해 나는 우리 사회의 안전망과 사각지대에 대해 고민하게 됐다. 결코 형편이 넉넉하지 않았음에도 이 가족의 소득 기준은 공적 지원의 문턱을 아슬아슬하게 비껴갔던 것이다. 게다가 아이의 치료를 위해 엄마는 다니던 회사를 그만두어야 했고, 전세금을 뺀 돈으로 아이의 치료비를 감당하고 있었다.

우리가 규정을 검토하고 예산을 조율하느라 망설인 시간동안 온 가족이 전셋집을 잃어야 했고, 아이의 엄마는 직업을 포기해야 했다. 생명 앞에서는 '공평함'만큼이나 '신속함'이 절실한 덕목이 되어야 하지 않을까?

복지 행정은 늘 '다수를 위한 공평한 기준과 규정'을 기반으로 해야 하지만 이런 절박한 사례를 외면한다면 결국 행정은 차가운 통계로만 남게 될 것이다.

진정한 복지 행정이란 다수에게 공평하게 배분되는 정형화된 지원만을 의미하는 것이 아니라 사각지대를 끈질기게 발굴하고, 시스템을 정교하게 작동시키는 것이 되어야 한다.

그 속에서 행정가는 복잡한 시스템 속에서 길을 찾는 시간을 최소화하고, 절박한 민원인에게 희망을 전하는 시간을 최대화하는 존재여야 할 것이다.

답이
보이지 않는 문제와
마주했을 때

세상에는 수학문제처럼 정확한 정답을 찾을 수 없는 문제가 비일비재하다.

규정과 지침으로 해결되는 사안은 생각보다 적고, 대부분은 회색지대에서 방향을 잡아야 하는 일들이다.

국장으로 재직하던 시절 나는 그런 문제들과 마주하며 행정가로서의 철학을 다시 세우게 됐다. 정답이 보이지 않는 문제의 공통점은 한 가지였다. 누구도 틀리지 않았다는 것. 민원인의 요구도, 관련 부서의 논리도, 주민들의 우려도 모두 일리가 있었다. 이런 행정의 난제를 마주했을 때 39년 동안 공직에 몸담았던 선배로서 후배들에게 꼭 이야기해주고 싶은 원칙이 있다.

첫째, 현장에서 답을 찾아야 한다는 것이다. 너무나 상투적인 이야기지만 보고서와 지침만으로는 결코 답을 찾을 수 없다. 나는 늘 가장 먼저 현장으로 향했다. 주민들의 거실, 골목의 작은 가게, 공사 현장, 어린이집, 학교 운동장까지 무수한 공간에서 마주한 사람들의 표정이 어떤 보고서보다 더 명확하게 문제의 본질을 보여주었다.

둘째, 수많은 정보가 쏟아질수록 '요약'이 아니라 '맥락'을 붙잡아야 한다. 명확한 해법이 없는 사안일수록 정보는 폭발적으로 늘어난다. 이해관계자들은 제각기 자신이 가진 사실을 '근거'라 말한다. 이때 가장 위험한 태도는 충분하지 않은 근거를 바탕으로 '비교'하며 우열을 가리는 것이다.

동일한 문제도 사람이 처한 상황에 따라 전혀 다른 무게가 된다. 그러므로 다양한 정보와 의견을 단순히 요약, 비교하여 판단하기보다 정보의 출처와 이해관계자들의 의도(맥락)를 읽어내야 한다. 행정가는 표면적인 사실 뒤에 숨겨진 사람들의 필요와 고통, 그리고 그들이 왜 그런 입장을 취할 수밖에 없었는지를 파악하는 데 집중해야만 비로소 모두에게 조금이라도 더 나은 해법을 설계할 수 있다.

셋째, 완벽한 결론은 존재하지 않는다. 여기서 중요한 것은 '납득 가능한 과정'이다.

행정의 판단은 종종 누군가에게 불리한 선택이 된다. 그렇기 때문에 결과보다 중요한 것은 과정의 투명성과 논리의 일관성이다. 나는 어떤 결론을 내리든 반드시 세 가지 기준을 지켰다. '공정한 정보

수집이 이루어졌는가', '관련 부서가 충분히 토론했는가', '논리의 모순은 없는가' 이 기준이 충족되면 비판은 있어도 불신은 생기지 않는다.

행정의 결정이 모두를 만족시킬 순 없지만 납득할 수는 있다. 그건 결과가 아니라 과정이 만드는 신뢰다.

넷째, 마지막은 언제나 책임자의 몫이다. 회의에서는 수십 개의 의견이 오가고, 보고서에는 각 부서의 논리가 촘촘히 담겨 있지만 최종 결정은 언제나 한 사람의 몫이다. 항상 그 중심에는 단기적인 눈앞의 성과가 아닌 공동체의 내일을 지키는 지속 가능한 결정인지 헤아려야 한다.

결단이란 용기가 아니라 방향성에 대한 책임이다. 주저하거나 미루면 갈등은 커지고 명확한 기준 없이 타협하면 문제는 더 깊고 복잡하게 되돌아온다. 그래서 책임자의 역할은 최선의 논리와 충분한 경청을 바탕으로 도시가 앞으로 나아갈 수 있는 길을 선택하는 것이다.

마지막으로, 답이 보이지 않을 때 가장 먼저 돌아봐야 할 것은 '사람'이다. 행정은 시스템으로 굴러가지만 도시는 결국 사람의 삶으로 완성된다.

문제의 본질을 깊이 들여다보면 언제나 그 안에는 한 사람의 평범한 일상, 한 가족의 불안 없는 내일, 그리고 공동체의 지속 가능한 안녕을 염려하는 가치가 놓여 있었다. 단순히 법률적 논리나 예산 효율성만으로 해결하려 했던 수많은 난제들은 결국 이 '사람'이라는 핵심 축을 중심으로 다시 바라볼 때 비로소 풀리기 시작했다.

이처럼 인간 중심의 가치 위에 세워진 결정은 단기적인 성과를 내기에는 더딜지 모른다. 그러나 쉽게 무너지지 않는 견고함과 내구성을 가진다는 것을 39년 동안의 공직 생활에서 경험했다. 이것이 후배 공무원들이 어떠한 난관에 부딪히더라도 결코 놓쳐서는 안 될 행정의 본질이라고 믿는다.

석면의 시대를 끝내며

———

매년 반복되는 예산 심의를 준비하기 위해 고양시청과 각 동사무소(현 행정복지센터)를 오가던 시절이 있었다. 당시 나는 고양시 기획조정실장으로 일하고 있었다. 우연히 한 동사무소의 현장을 살피던 중 문득 천장 위로 잿빛 패널이 눈에 들어왔다. 오래된 관공서에서 흔히 볼 수 있는 자재였지만, 나는 즉시 그것이 무엇인지 알아보았다. 석면이었다.

석면은 세계보건기구 산하 국제암연구소에서 1급 발암물질로 지정한 물질로 우리나라에서도 2009년부터 석면사용을 전면 금지하고 있다.

아이러니하게도 석면은 1970년대 새마을운동과 함께 정부가 '가장 경제적이고 견고한 건축자재'라며 전국적으로 사용을 권장했고 집, 학교, 관공서 등 많은 건물에 사용됐다.

하지만 위험성이 입증됐다고 해서 단순히 뜯어낼 수도 없었다. 석면 제거를 위해선 작업 공간을 완전히 밀봉하는 음압설비가 필수였고, 최고 수준의 보호 등급을 갖춘 특수 장비와 전문 인력이 동원되어야 했다. 또한 공사 기간 동안 건물을 비워야 해 업무 공백을 막기 위해선 임시 시설로 이전을 해야 했다.

결과적으로 석면 제거 비용은 일반 리모델링 예산을 훨씬 뛰어넘었고, 공사 기간, 대체 시설 확보, 그리고 석면 폐기물 처리까지 복잡한 행정 절차가 얽혀 있어 단순히 예산만 확보한다고 해결되는 문제가 아니었다.

하지만 천장 아래에서 하루 대부분을 보내는 공무원들과 하루에도 수백 명씩 드나드는 민원인들의 얼굴이 떠올랐다. 도시의 외형을 키우는 일보다 안전을 지키는 것이 먼저라는 생각이 머릿속을 떠나지 않았다. 하지만 '눈에 보이지 않는 위험'은 항상 예산 우선순위에서 밀렸다.

"당장 불편한 것도 아닌데 굳이 지금 해야 하나?"

"그냥 놔두면 된다."

그 시절 조직 안에는 이런 분위기도 남아 있었다. 그러나 행정의 가장 큰 적은 무지가 아니라 방관이라는 것을 나는 알고 있었다.

그래서 나는 기획조정실장으로서 각 동사무소와 구청의 석면 현황을 전수 조사했다. 대부분이 석면 제거가 되지 않은 상황이었다. 전국적 석면 피해 사례들도 수집해 왜 석면 제거가 시급한지 필요성을 강조했다. 안전이란 후순위로 미뤄둘수록 비용과 피해가 기하급수적으로 커진다는 명확한 근거로 설득하기 시작했다.

결국 예산이 통과되었고 석면 교체 작업이 시작됐다. 숨 쉬는 공간의 안전이 확보되자 직원들도 안심된다는 말을 건넸다.

그리고 몇 년 뒤 나는 덕양구청장으로 부임하였고, 예산 부족으로 지체되고 있던 덕양구 관할 관공서의 석면 제거 사업을 속도감 있게 추진했다. 남아 있던 석면 제거 작업을 임기 내 모두 완료하면서 비로소 어렵고 지난한 과제를 마무리한 기분이 들었다. 39년 공직에 있으면서 수많은 일을 했지만 단언컨대 이 석면 제거 사업은 내 공직 생활에서 가장 빛나는 성과 중 하나였다. 지금도 행정의 최고의 가치는 안전을 수호하는 일이라는 신념에 변함이 없다.

06

코로나19 팬데믹 속에서
일산서구청이 되다

멈춰버린 일상,
멈추지 않은 행정

중국에서 발생한 코로나19 바이러스는 2020년이 되자 전 세계를 공포에 빠뜨리며 급속히 확산됐다. 사람들은 서로를 경계했고, 활기로 가득했던 거리는 텅 비어 버렸다. 그리고 곧 대유행을 알리는 팬데믹이 선언됐다. 그때 나는 일산서구청장으로 취임한 직후였다. 말그대로 전례 없는 상황 속에서 막중한 직책을 맡게 된 것이다.

확진자 한 명이 발생하면 방문한 곳은 문을 닫아야 했고, 접촉한 사람들은 모두 격리 대상이 됐다. 당시 구청은 지자체의 방역 지침을 지역 사회에 집행하는 핵심 주체였다. 임시 선별검사소를 운영하고 격리자를 관리·지원했으며, 공공시설 방역과 행정지도, 취약계층 비대면 지원과 지원 물품 조달까지 병원과 함께 최전선 역할을 수행했다.

그래서 우리는 멈추지 않고 시민을 도울 수 있는 방법을 찾아야 했다. 그래서 내린 결정은 청사를 나누는 것이었다. 직원 한 명의 확진이 곧 청사 전체 폐쇄로 이어질 수도 있었다. 한순간도 행정이 멈춰선 안 되기에 내린 특단의 조치였다.

전산교육장, 강당, 비어 있는 회의실까지 모두 사무 공간으로 전환해 조직을 분산 배치했다. 직원들은 기꺼이 책상을 옮기며 비상근무를 이어갔다.

도심 곳곳의 방역도 쉴 새 없이 진행됐다. 주변에 설치한 임시 선별검사소에는 줄이 끊이지 않았다. 의료진, 소방대원, 군인들까지 모두 책임감으로 자리를 지켰다. 나 역시 그들의 일손을 보태고자 밤이 되면 소독 작업에 함께 나섰다. 방호복 안은 땀범벅이 되었지만 도시를 지키고 있다는 사명감이 힘듦도 잊게 만들었다.

그해 또 하나의 위기는 바로 '혈액 수급난'이었다. 감염에 대한 두려움과 사람들의 이동이 멈추면서 헌혈의 집 역시 발길이 끊겨버렸고, 수혈이 필요한 환자들의 생명이 위태로운 상황이었다. 그래서 직원들과 함께 두 차례에 걸쳐 헌혈 캠페인을 진행했다. 어떠한 대가도 바라지 않은 자발적인 봉사였지만, 대한적십자사 서울중앙혈액원으로부터 감사패를 받는 영예로운 일도 있었다. 혈액 수급이 극도로 어려웠던 시기에 조금이나마 안정화에 기여한 공로를 인정받은 것이다. 헌혈에 적극적으로 참여해준 구청 직원들과 고양도시관리공사

등 모든 분들에게 다시 한 번 감사의 말을 전하고 싶다.

이 기간 동안 나는 고립되는 어르신들을 가장 걱정했다. 식사를 해결했던 경로당이 문을 닫으면서 사회와 단절된 채 어르신들은 외로운 섬이 되어갔다. 그리고 지역 상인들도 경영난에 더욱 움츠러들었다. 그래서 이 단절과 불황의 늪을 동시에 해결할 수 있는 비대면 식재료 키트를 고안했다. 키트의 재료는 휴관으로 쌓여 있는 경로당의 쌀과 지역 상인들의 건강한 식재료였다. 구청공무원들은 봉사자들과 함께 어려운 어르신들을 파악해 소박하지만 마음이 담긴, 일산서구만의 한 상을 만들어 직접 문 앞까지 전달했다. 이 키트는 어르신들에게는 누군가 나를 잊지 않고 있다는 느슨한 연대감을, 지역 상인들에게는 불황을 이겨낼 수 있다는 용기를 불어넣었다. 이것은 시민의 안전망을 정상 가동시키는 보이지 않는 장치였다.

하루하루가 긴장의 연속이었고 눈코 뜰 새 없이 바쁘게 지나갔다. 그러던 어느 날 한 80대 노부부로부터 종이 한 장을 건네받았다. 정성스레 써내려간 짧은 편지였다.

'밤낮없이 방역에 애쓰시는 일산서구청장님께,

감염이 더는 퍼지지 않도록 힘써 주셔서 정말 감사합니다.

저희 노부부도 미약하나마 응원의 마음을 보탭니다.

부디 건강하십시오.'

위로와 격려가 담긴 이 편지 덕분에 그동안 쌓였던 고단함과 피로가 치유되는 것 같았다. 일산서구청장으로 보낸 그 1년은 평범한 일상을 지켜내는 일이 얼마나 어렵고도 위대한 일인지, 연대의 힘이 어떻게 기적을 만드는지 새삼 깨닫게 된 시간이었다.

세대 통합형 쉼터가 된
어린이공원의 변신

학교와 학원, 실내 시설들이 모두 문을 닫고 외출조차 조심스러워지면서 아이들은 고립되고 있었다. 코로나19 팬데믹 기간 동안 놀이터는 아이들이 유일하게 숨 쉴 수 있었던 해방구였고, 사회적 통제 속에서도 제한적이나마 친구들과 얼굴을 맞대고 소통하며 심리적 위안을 얻을 수 있는 장소였다.

하지만 낡은 모래와 삐걱거리는 철제 놀이기구로 가득한 모습을 볼 때면 도시가 흘려보낸 세월이 문득 실감나곤 했다. 한때는 신도시의 자랑이었던 어린이공원들은 이제는 아이들의 발걸음을 붙잡지 못하는 공간으로 남아 있었다.

1기 신도시는 입주 후 어느덧 30년이 되었고, 그 시절 택지개발사업 시행자가 조성해 기부채납한 어린이공원 역시 그때의 모습 그대로 머물러 있었다.

공원이 낡았다는 것은 아이들만 불편한 것이 아니라 한 마을의 일상이 늙어가고 있다는 뜻이었다. 나는 이 문제를 시설 개선만이 아닌 도시의 풍경을 다시 세우는 일로 보았다.

공원 정비의 시작은 현장이었다. 우거진 수목 때문에 부모들이 저녁 시간에 아이들을 데려오지 않는다는 이야기가 쏟아졌다. 또 어떤 어린이공원은 바닥이 울퉁불퉁해 노인들이 걸을 때 넘어질 위험이 컸고, 파손된 놀이기구는 안전성마저 담보하지 못했다.

주민들의 요구는 크지 않았다. 그저 아이들이 마음껏 뛸 수 있는 공간을 만들어달라는 것과 공원의 주 사용 층이 된 어르신들이 조금 더 편하게 소통하고 쉴 수 있도록 해달라는 것이었다. 그 소박한 바람이 오히려 행정의 방향을 더 명확하게 잡아주었다.

그래서 바닥을 전면 교체하고, 휴식 공간을 넓히고, 무너질 듯 기울어진 놀이시설을 모두 철거했다. 놀이기구 중심의 단조로운 공간이 아니라 창의적으로 뛰고, 숨고, 올라가고, 관찰할 수 있는 복합놀이시설로 설계했다. 어른들은 벤치와 그늘막, 그네형 의자에서 휴식할 수 있도록 조성했다. 또한 우거진 수목을 정리하고, 어두운 사각지대를 없애고, 밤이 되면 자연스럽게 빛이 흐르는 공원으로 탈바꿈시켰다.

여름엔 주변 온도를 낮춰줄 분수대를 설치했고, 가동하지 않는 계절엔 지압 길을 만들어 계절의 차이가 공원의 기능을 멈추게 하지 않도록 했다.

또 어르신들을 위해 동네 사랑방 같은 커뮤니티 하우스를 공원 안에 넣었다. 공원이 아이들의 놀이터이자 어른들의 쉼터가 되는 공간임을 분명히 하기 위해서였다.

리모델링이 마무리되던 날 한 어르신이 공원 주변을 거닐다가 나를 붙잡았다.

"이제 손자랑 같이 나올 맛이 나네요."

그 말은 과장이 아니었다. 그늘막에 앉아 담소는 나누는 어르신들. 산책하는 학생들, 뛰어다니는 아이들, 한 잔의 여유를 즐기는 젊은 직장인들까지. 수십 년 동안 한 번도 정비되지 않았던 어린이공원이 남녀노소 모두가 즐겨 찾은 공간으로 되살아났다.

도시에 필요한 변화란 실제 주민들이 발을 딛고 살아가는 일상의 공간을 편리하고 안전하게 만들어주는 것에서 시작된다. 나는 어린이공원 정비를 구청장 임기 중 가장 중요한 생활 정책으로 여겼다. 예산 확보부터 공사 추진까지 우여곡절이 많았지만 힐링과 소통의 공간으로 성공적으로 변신한 어린이공원의 모습은 행정이 어떻게 도시의 풍경을 바꾸는지 보여준 사례였다.

거대한 도시를 지키는
사소함의 힘

유독 장마가 길었던 그해 여름. 디테일을 놓치지 않은 아이디어 하나가 위기의 순간 얼마나 든든한 역할을 하는지 경험했다. 폭우가 내릴 때마다 빗물받이가 낙엽이나 쓰레기로 막히면 안전사고는 물론 배수 기능이 약해져 도로 침수로 인한 교통 정체나 악취 유발 등의 각종 민원이 발생했다. 그래서 주요 도로에 빗물받이 위치를 한눈에 파악할 수 있는 빗물받이 위치표지판 설치를 추진했다.

큰 예산이 들어가는 사업이 아니었지만 일부에서는 태풍이나 폭우가 왔을 때 얼마나 도움이 되겠냐며 예산 낭비가 될 것이라는 지적도 있었다. 그러나 나는 장마가 오기 전 반드시 설치해야 한다는 판단을 굽히지 않았다.

그리고 얼마 후 고양시 전역에 호우주의보가 내려졌다. 비상근무 체제로 전환된 청사에서 순찰을 준비하고 있을 때였다. 현장을 돌던 안전건설과 직원에게서 전화 한 통이 걸려왔다.

"구청장님, 표지판 덕분에 막힌 곳을 바로 찾았습니다.

빠르게 이물질을 제거해서 몇 분도 안 돼 물이 싹 빠졌습니다."

짧은 보고였지만 그 말 속에는 현장에서 체감한 실효성에 대한 만족감과 침수를 막은 안도감이 담겨 있었다. 그 순간 사소한 것을 놓치지 말아야 한다는 오랜 행정의 진리가 떠올랐다.

그날 이후 왜 저런 데 세금을 쓰냐고 묻던 이들도 폭우 속에서 도로가 빠르게 정리되자 고개를 끄덕였다.

도시에서 벌어지는 수많은 사고들이 늘 작은 틈, 무심히 지나쳤던 빈틈에서 시작된다는 것을 봐왔다. 맨홀 하나, 배수구 하나, 낡은 전신주 하나가 도시 전체의 안전을 위협할 수도 있다. 그래서 폭우 예보가 들리면 현장으로 나갔다. 구청의 보고 체계보다 현장의 물소리가 더 정확했기 때문이다.

그래서 나는 '비 온 뒤 살피기'가 아니라 '비 오기 전 준비하기'에 행정력을 쏟았다. 태풍 예보가 있는 날이면 공사 현장을 직접 찾아가 가림막과 구조물을 점검했다.

위험이 잠복해 있는 현장, 그 현장을 누구보다 오래 지켜본 근무자들의 말 속에 무엇을 대비해야 하는지 답이 있다. 그 현장의 목소리에 귀를 기울이고 빠르게 조치를 취하는 과정에서 재난은 예방할 수 있다.

도시를 지키는 일은 대부분 위험의 신호를 빠르게 감시하고 발 빠르게 조치를 취하는 이 과정의 연속이다. 재난이 일어나고 난 뒤에 등장하는 슈퍼맨 같은 영웅의 서사는 필요하지 않다. 오히려 재난을 막기 위해 현장에서 동분서주하는 알려지지 않은 수고의 주인공들이 바로 도시를 지키는 진정한 영웅이다.

표지판 설치에 들어간 예산은 극히 미미했지만, 도로 마비로 인한 경제적 손실, 악취와 민원 해결에 투입되는 행정력 낭비, 그리고 무엇보다 인명 피해의 가능성까지 고려하면 효과는 상상 이상이다. 행정가는 눈에 띄지 않더라도 시민의 생명과 안전에 필수적인 곳에 과감히 예산을 투입할 수 있는 정치적 용기를 가져야 한다.

국회 본회의를 통과한
특례시 법안

언제 마스크를 벗게 될지 답답하기만 하던 2020년 12월. 나는 재난 대응 현장에서 또 하나의 특별한 순간을 맞이했다. 바로 고양시의 미래 지도를 바꾸는 특례시 법안이 국회 본회의를 통과한 것이었다. 코로나19로 지친 고양시민들에게도 모처럼의 반가운 뉴스였다.

특례시라는 그 한 줄의 법적 문구는 도시의 무게 중심을 흔들 만큼 상징적인 변화를 품고 있었다.

특례시 법안은 고양시를 비롯해 인구 100만 명 이상 대도시를 특례시로 지정하는 내용을 담고 있다. 국회에서의 통과 되었습니다라는 말 한마디는 오랜 시간 잠잠히 준비해온 도시의 가능성을 한꺼번에 터뜨리는 듯했다. 나는 공무원으로서의 내 시간표와 고양이라는 도시의 시간표가 나란히 놓여 있음을 느꼈다.

고양군에서 고양시로, 기초자치단체에서 수도권 핵심 도시로 성장하는 과정을 현장의 바람 속에서 지켜봐 왔다. 그렇기에 '특례시'라는 명칭의 변화가 도시의 격을 새롭게 묻는 질문처럼 다가왔다.

많은 시민이 묻는다.

"특례시가 그렇게 대단합니까?"

나는 그때마다 유치한 비유 하나로 설명한다.

"종이비행기로 날던 도시가 드디어 엔진을 단 겁니다."

특례시는 광역시와 기초지자체의 중간 단계가 아니다. 정확히 말하면 인구 100만 명 도시가 감당해야 할 일을 도시 스스로 헤쳐갈 권한을 부여한 제도다.

예전에는 대규모 복지·교통·환경 정책을 기획해도 도 단위 승인 절차에 막혀 시간만 지체되는 순간이 많았다. '고양형 정책'을 만들고 싶어도 우리가 쥔 도구는 기초지자체 수준에 불과했다.

특례시가 되면서 고양은 마침내 스스로 도시의 미래를 설계할 수 있게 됐다.

광역급 사무 일부를 직접 집행할 수 있고, 재정 구조도 보다 합리적으로 재편될 수 있으며, 국가 지원 체계도 도시 수요에 맞춰 조정된다. 다시 말해 몸집이 커진 고양시가 이제 그에 걸맞은 옷을 입고 움직일 수 있게 된 것이다.

그러나 마음 한편에서는 들뜨는 감정보다 더 큰 무게가 밀려왔다. 특례시는 '이름'이 아니라 '책임'이었기 때문이다. 권한이 넓어진다는 것은 그만큼 더 많은 문제를 스스로 판단하고 해결해야 한다는 뜻이었다. 행정 체계는 더욱 단단해져야 하고, 정책은 단기성과를 넘어 미래 세대까지 내다보는 방향으로 설계되어야 했다.

특례시는 도시가 성장하기 위한 보상이라기보다 앞으로 감당해야 할 더 큰 과제를 향한 출발선에 가깝다. 권한이 커질수록 책임도 무거워지고 정책의 선택지는 더욱 복잡해진다. 지역의 필요를 스스로 결정할 수 있는 힘, 그 힘을 제대로 쓰기 위해서는 도시의 철학과 리더십이 무엇보다 중요하다.

그리고 고양군에서 고양시로, 다시 고양특례시로 이어지는 변화의 흐름 속에서 우리가 배운 것도 잊지 말아야 한다. 도시는 시민 한 사람의 삶이 얼마만큼 더 편안해지고 얼마나 나아질 수 있는가로 완성된다는 것을.

이제 고양은 '수동의 도시'를 넘어 미래를 스스로 설계하는 도시로 거듭나야 한다.

위기 속
행정의 속도와 리더십

위기라는 단어는 언제나 급박하게 들리지만, 그 속에서 '멈춰서 바라보는 능력'이 중요했다는 기존의 통념은 코로나19 상황에선 적용될 수 없었다. 일산서구청장이라는 자리에 있으면서 내가 체감한 것은 위기의 초기 국면에서는 느림이나 신중함이 미덕이 아니었다. 골든타임을 놓치는 치명적인 상황을 초래했다.

하루가 멀다 하고 상황이 뒤바뀌는 혼돈 속에서 리더에게 요구된 것은 생존을 건 결단의 속도였다. 바이러스의 전파 속도는 행정의 공식적인 의사결정 속도를 압도했다. 이때 조금 더 시간을 들여 숙성시키자고 주장하는 것은 곧 눈덩이처럼 불어날 위험을 방치하겠다는 선언과 같았다.

전례 없는 위기 상황에서 리더십의 본질은 신중이라는 갑옷을 벗어던지고 불확실성 속에서 가장 덜 해로운 선택을 즉각적으로 실행하는 용기로 대체됐다. 이것이 내가 현장에서 배운 위기 리더십의 첫 번째 교훈이다.

행정의 의사결정은 데이터와 근거 위에서 이루어져야 한다. 하지만 팬데믹 초기 우리에게 주어진 정보는 '파편'에 가까웠지 '지도'가 아니었다. 정보가 제각각 흩어지고 심지어 모순되거나 왜곡되는 상황에서 리더가 "모두가 같은 지도를 볼 때까지 기다리자."고 말하는 것은 비겁함에 가까웠다.

진짜 리더십은 불완전한 파편들을 조합하여 지금 당장 움직여야 할 방향을 꿰뚫어 보는 통찰에서 나왔다. 이때의 리더는 '분석가'가 아니라 '방향타'가 되어야 한다. 정보가 100% 모이는 완벽한 시점은 영원히 오지 않으리라는 것을 인정하고 주어진 30%의 정보만으로 70%의 리스크를 감수하며 결단을 내리는 '퀀텀 점프'가 필요했다.

이것이 내가 행정의 중요한 판단 앞에서 질문을 던지는 방식을 바꾼 이유이다. 이전의 질문이 "이 선택은 한 해 뒤에도 유효한가?"라는 질문이 맞았다면 위기 속에서 가장 먼저 떠오른 질문은 다음과 같은 생존의 질문이었다.

"지금 투입이 늦어지면, 내일 치러야 할 비용은 얼마인가?", "이 선택이 최선이 아닐지라도 시간을 벌 수 있는 최단 경로는 무엇인가?" 이처럼 질문이 결단의 방향을 제시하는 순간 혼란스러웠던 조직 내부에서도 단순하게 정리됐다.

리더가 움직임을 멈추지 않을 때 현장은 비로소 제 속도를 회복했
다. 나중에 일부 수정될지라도 '지금 뭔가를 하고 있다'는 사실이 조
직원들의 공포를 걷어냈다. 워킹 스루 부스의 빠른 도입과 자가격리
자 관리 시스템의 즉각적인 개편, 선별진료소의 위치 선정 등 이 모
든 것은 조직과 시민들을 안심시키기 위한 조치였다.

결국 행정의 경험이 쌓일수록 나는 점점 더 단순하지만 강력한 결
론에 도달했다. 위기 대응의 과정은 낭비와 불필요한 논쟁이라는 '소
란'으로 가득 차기 쉽다. 이때 리더의 최종적인 역할은 모든 소란을
걷어내고 '가장 중요한 단 하나의 목표'에 조직의 에너지를 집중하도
록 결단하는 것이었다. 코로나19 상황에서 그 목표는 지역사회 전파
속도를 늦추는 것이었고, 이를 위해 투입(자원, 인력)과 절제(관료적
절차, 불필요한 회의)를 결단력 있게 조절했다.

그 시기에 내가 할 수 있었던 일은 완벽함을 증명하는 것이 아니라,
멈추지 않고 앞으로 나아가는 조직의 방향을 지켜주는 일이었다.

07

일상의 결을
어루만지는
덕양구청장이 되다

의자 하나
바꿨을 뿐인데

9급 공무원을 시작해 어느새 나는 두 번째 구청장 자리인 덕양구청장을 맡게 됐다. 나는 퇴근길에 일부러 덕양구의 공원들을 하나씩 돌아보기 시작했다. 일산서구청장 시절 어린이공원 리모델링을 통해 일상이 바뀌는 경험 때문이었다. 보고서로는 절대 보이지 않는 '생활의 표정'을 직접 확인하고 싶었다.

어느 초저녁 오래된 주택가 한가운데 자리한 작은 근린공원에 들렀다. 그곳은 한때 '동네 사랑방' 역할을 했던 곳이라 들었지만, 정작 눈앞에 보이는 풍경은 그와 거리가 멀었다. 공원 한쪽에서는 어르신 몇 분이 난간에 팔꿈치를 괴고 이야기를 나누고 있었다. 의자가 없으니 오래 서 있기도 힘든지 난간에 기대고 쉬어가며 이야기를 이어가는 모습이었다. 더 안쪽으로 걸어가 보니 폐박스를 깔고 앉아 담소를 나누는 무리도 있었다.

젊은 시절부터 이 근린공원을 사랑방처럼 드나들었던 분들일 텐데 나이가 들고 무릎이 약해질수록 이곳은 오히려 불편한 공간이 되어가고 있었다. 그런 모습을 보니 마음이 쓰였다.

나는 조심스레 다가가 인사를 건넸다.

"늦은 시간인데도 여기 계시네요, 저녁은 드셨어요?"

그러자 한 어르신이 씩 웃으며 말했다.

"구청장님, 우리 같은 사람들은 집에 오래 있으면 오히려 더 힘들어. 바람도 쐬고 동네 소식도 듣고 해야 사는 맛이 나지.

근데 앉을 데가 없으니 여간 불편한 게 아니야."

말투는 익살스러웠지만 그 안에 담긴 불편은 결코 가볍지 않았다.

의자 하나만 있었어도 좋겠다는 말은 단순히 시설 하나의 의미가 아니었다. 나이가 들수록 이동거리는 짧아지고 대신 머무는 시간이 중요해진다. 어쩌면 어르신들의 유일한 쉼의 공간일 텐데 배려받지 못하고 있었던 것이다.

그날 밤 '의자 하나'라는 말이 머릿속을 계속 맴돌았다. 작고 사소해서 내가 미처 챙기지 못하고 놓친 것들의 상징 같았다.

곧 담당 공무원을 불러 공원의 시설 배치도를 다시 검토했다. 그늘의 방향, 햇빛이 드는 시간, 어르신들이 자주 모이는 지점, 근처 도로 소음, 인근 상가의 조도까지 모두 살폈다.

"의자는 놓는 게 목적이 아니라, 사람들이 머물 수 있게 만드는 겁니다."

나는 그렇게 이야기했다.

우리는 벤치 몇 개가 아니라, 어르신들이 오래 앉아도 허리가 아프지 않은 등받이 의자, 다리가 불편한 분들이 앉았다 일어나기 편한 높이, 낮에는 그늘을 주고 밤에는 안전을 확보하는 작은 조명까지 포함한 머무름의 세트를 설계했다.

작업은 큰 공사가 아니었지만 그 작은 변화가 공원 분위기를 완전히 바꿔 놓았다. 새 의자가 놓인 뒤 다시 그 공원을 찾은 날, 나는 예상하지 못한 장면을 보게 됐다.

어르신 몇 분이 아침부터 그곳에 모여 따뜻한 물이 담긴 보온병을 가운데 두고 차를 마시고 있었다. 어디선가 들고 온 라디오에서 옛 노래가 흐르고, 누군가는 신문을 읽고, 누군가는 동네 이야기를 건네며 웃음소리가 이어졌다.

방치된 공간처럼 느껴졌던 공원이 사람들이 앉아 이야기를 나누는 온기로 가득한 '사랑방'으로 달라져 있었다.

나를 발견한 한 어르신이 먼저 손을 흔들며 말했다.

"명 구청장, 고마워, 덕분에 온 동네사람들 사랑방 됐어!

해 뜰 때도 오고, 저녁 먹고도 오고. 사람 만나는 재미가 생겼지 뭐야.”

그 말에 마음속 깊은 곳이 뜨겁게 데워지는 듯했다.

눈이 번쩍 떠지는 거창한 시설이 들어선 것도 아니었지만 어르신
들에겐 명소가 됐다.

비가 오지 않는 날이면 누군가는 늘 그곳에 있었다. 아이들은 어르
신 옆에서 장난을 치기도 했다. 가끔은 이웃 주민끼리 반찬을 나누어
먹는 모습을 보기도 했다.

‘앉을 곳’이 생기자 머무르게 되고 관계가 돌아왔다. 그리고 공동체
가 다시 살아났다.

행정의 성적표

구청장이 바뀌면 정책이 달라지고 조직이 달라지는 것이 사실이지만 그보다 더 빨리 변해야 하는 것은 '눈높이'라고 생각했다. 주민이 무엇을 불편해하는지, 어떤 공간을 사랑하는지, 어디서 시간을 보내는지를 실제로 보기 전까지는 행정이 방향을 잡을 수 없었다. 문서와 회의는 그다음 문제였다.

덕양은 오래된 마을과 신도시가 뒤섞인 지역이었다. 동네마다 결이 다르고 주민들의 생활 방식도 달랐다. 나는 그 결을 이해하고 싶었다. 그래서 출근 전에 짧게라도 한 군데, 퇴근 후에도 잠시라도 한 군데를 들르는 생활을 유지했다.

하루는 한 어르신이 강변에서 발을 헛디뎌 넘어졌다는 이야기를 들려주었다. 나는 그 말을 듣고 즉시 현장을 다시 확인했다. 산책로 중간에 경사가 심해지는 구간이 있었고 그 부분의 조도가 낮았다. 그 문제 하나만으로도 노인들에게는 부상 위험이 컸다. 결국 그 구간을 정비하고 안전등을 설치했다. 이런 작은 개선은 그 길을 매일 걷는 사람들에게는 하루의 안전을 결정할 수도 있는 요소였다.

초당 일대에서는 아이 키우는 부모들의 목소리가 유독 많이 들렸다.

"아이들이 그네를 타는데 녹이 너무 많이 슬었어요."

"밤엔 너무 어두워요."

이런 목소리는 서류상 '시설 노후화 민원'이라고 적히지만, 실제 현장에서는 '걱정'의 형태로 존재했다. 나는 그런 불안을 줄이는 것이야말로 행정의 역할이라고 믿었다.

그래서 아이들이 뛰노는 공원은 시설 기준을 넘어 부모가 마음 놓을 수 있는지를 기준으로 다시 점검했다. 결과적으로 몇몇 근린공원은 놀이기구 교체뿐 아니라 바닥재, 울타리, 음영 시설까지 전면 재정비했다. 공원으로 향하는 부모와 아이들의 발걸음부터 달라졌다.

덕양의 도로를 다니며 교통 문제를 듣는 일도 많았다. 특히 시장과 역세권을 잇는 주요 도로변은 출퇴근 시간마다 병목 현상이 생겼다. 교통량이 많은 구간의 차로 확장보다 더 중요한 것은, 그 주변의 횡단보도·버스정류장·골목길 진입로를 '사람 중심'으로 정비하는 일이었다. 나는 교통과 직원들과 함께 그 구간을 몇 번씩 걸었다. 차의 흐름이 아닌 사람의 흐름을 중심으로 구조를 재점검했다. 횡단보도의 위치를 조금만 옮기고 보행자 신호 대기 공간을 넓히는 것만으로도 체감 변화가 컸다.

어느 날 시장을 지나던 상인이 말했다.

"구청장님, 신호등만 옮겼는데 장사하러 오고 가는 길이 훨씬 편해졌어요."

그 작은 말이 나에게는 하나의 지표였다. 생활밀착형 행정은 바뀐 풍경을 통해 주민이 먼저 알아보는 것이었다.

덕양에서의 행정은 흩어진 퍼즐을 맞추는 일과 같았다. 공원은 공원대로, 도로는 도로대로, 하천은 하천대로 움직이는 것이 아니라, 모두 하나의 생활권 속에서 서로 영향을 주고 있었다. 벤치 하나, 보도블록 한 장, 신호등 한 개가 누군가에게는 하루의 안전이고, 누군가에게는 이웃과 대화를 시작하는 계기였다.

오랫동안 공직에 있으면서 대규모 큰 사업 덕에 행복해졌다라고 말하는 시민들은 드물었다. 그러나 자주 모일 수 있는 공간이 행복하다는 말은 종종 들을 수 있었다. 나는 그 말들이 곧 행정의 성적표라고 생각한다.

같이 일하고 싶은
간부 공무원

덕양구청장으로 부임한 뒤 얼마 지나지 않아 하루가 어떻게 흘러가는지도 모를 만큼 바쁜 시기가 이어졌다. 새벽에는 민원 현장을 확인하고, 낮에는 부서의 업무 보고를 받고, 퇴근 후에도 공원·도로·하천을 돌며 주민들의 불편을 살폈다. 그렇게 숨 가쁘게 지내던 날 고양시통합공무원노동조합에서 연락이 왔다.

"직원들이 직접 뽑은 '같이 일하고 싶은 간부 공무원'에
구청장님이 선정되셨습니다."

전화기 너머의 짧은 문장이었지만 그 한 문장이 내 어깨의 무게를 단숨에 녹여주는 듯했다.

공직에서 가장 어려운 평가가 같은 공무원으로부터 받는 평가라는 것을 누구보다 잘 알고 있다. 같이 현장에서 울고 웃던 이들이 직접 참여한 투표에서 선정되었다는 사실은 그 어떤 큰 상보다도 영예로운 묵직한 울림으로 다가왔다.

며칠 뒤, 노동조합이 주관한 시상식이 열렸다. 행사의 규모는 크지 않았지만 분위기만큼은 따뜻했다. 젊은 직원들부터 20~30년 경력의 선배 공무원들까지 다양한 얼굴들이 자리했다. 서로 웃으며 사진을 찍고 축하 인사를 건네는 모습에서 오랜만에 조직을 하나로 이어주는 동료애를 느꼈다.

'리더십, 기획, 청렴, 소통능력, 배려.'

직원들이 평가한 기준이었다고 한다. 그 단어들은 내가 오랜 공직 생활 동안 하나하나 새겨온 원칙과도 같았다. 수많은 정책 보고서보다, 화려한 평가 지표보다, 직원들이 써 내려간 '함께 일하고 싶은 사람'이라는 말 한 줄이 오히려 더 큰 책임으로 다가왔다.

구청장이라는 자리에서는 타협할 수 없는 원칙들이 있었다. 부당한 외압에는 단호해야 했고, 정치적 이해관계가 개입되는 순간에는 조직이 흔들리지 않도록 먼저 나서야 했다. 어떤 때는 직원 대신 책임을 져야 할 때도 있었고, 어떤 때는 나 혼자 외롭게 서야 할 때도 있었다. 때로는 이런 선택들이 직원들에게 '엄격하다'는 평가를 받기도 했다.

그런 나의 방식이 직원들에게 어떻게 보일까 생각해본 적도 많았다. 나는 늘 조직의 중심을 잡고자 했지만 누군가에게는 냉정하게 느껴졌을 수도 있었을 것이다. 그래서 더욱 놀랍고 감사한 것이 자리였다.

공직은 어느 누구의 단독 플레이로 움직일 수 없다. 서로를 믿어야 하고, 믿는 만큼 맡길 수 있어야 한다. 그 신뢰가 조직을 움직이고 시민에게 전달되는 힘이 된다.

덕양에서 받았던 그 상은 내 공직 인생을 통틀어 가장 값지고 빛나는 것이었다. 함께 일을 해온 동지들이 내게 건넨 '당신은 옳았다'는 인정이었기 때문이다.

코스모스가
다시 피던 날

가을이면 덕양구 창릉천 일대는 코스모스 물결로 장관을 연출한다. 한때 이곳의 코스모스 축제는 덕양구의 자랑이었다. 하지만 어느 순간 축제는 형식이 되었고, 세월 속에서 힘을 잃고 있었다. 시민의 즐길 거리였던 축제가 왜 관심을 받지 못하는지 현장을 찾아 원인을 파악해보기로 했다. 보고서에는 '성황', '관광객 증가', '지역 활성화' 같은 말들이 적혀 있었지만 나는 그런 문장보다 현장이 말해주는 표정을 먼저 보고 싶었다.

들판에 도착했을 때 바람은 분명 가을의 냄새를 품고 있었지만 축제장은 어딘가 허전했다. 몇 년 전까지만 해도 사람들로 붐볐다는 공간엔 천막 몇 개와 한산한 부스만 덩그러니 놓여 있었다. 활기 대신 정적에 가까운 분위기였다.

코스모스는 분명 아름답게 피어 있었지만, 꽃보다 먼저 눈에 들어온 건 사람의 부재였다.

축제는 여전히 하고 있지만 빛이 바래버려 축제의 주인인 시민들이 보이지 않았다.

나는 마을 어르신들이 전을 부치고 있는 작은 부스로 향했다.

기름 냄새와 함께 어르신들의 푸근한 웃음이 흘러나왔지만 그 웃음 속엔 어딘가 힘이 빠져 있었다. 사람이 찾지 않는 축제는 사실상 껍데기였다.

나는 준비위원들을 불러 물었다.

"축제가 왜 예전 같지 않습니까?"

돌아온 대답은 놀라울 만큼 단순했다.

"주민이 빠졌습니다.

외부 위탁 행사만 늘고, 마을은 뒤로 밀렸어요."

그날 나는 방향을 완전히 틀기로 했다. 가장 먼저 찾아간 곳은 마을영농조합이었다. 마을의 농부들은 일손을 멈추고 내 이야기를 들었고, 마을에서 직접 축제를 운영하는 것에 동의했다. 이날은 축제의 새 출발점이 됐다.

우리는 지역 농가가 직접 판매하고 소개하는 부스를 마련했고, 아이들이 흙을 만지고 수확을 체험할 수 있는 작은 농장도 조성했다.

축제를 찾는 사람들은 코스모스만 보는 것이 아니라 마을의 삶을 함께 경험하는 방식으로 바뀌었다. 축제장에 활기가 돌아오기 시작했다. 코스모스를 보러 온 사람들이 자연스레 농산물 부스로 몰렸고 농부들의 얼굴에 오랜만에 활기가 돌았다. 축제의 심장이 다시 뛰기 시작한 것이다.

아이들이 역시 즐겨야 축제가 산다. 그래서 나는 마을 농부들과 축제 공간 전체의 동선을 아예 다시 짰다. 어른들은 꽃을 보며 걷고 아이들은 놀며 배울 수 있는 곳을 만들었다.

볏짚 놀이장, 코스모스 꽃다발 만들기, 지역 농산물로 만드는 간단한 요리 체험까지, 어느새 축제장은 아이의 손을 잡고 걸어오는 가족들로 채워졌다. 이제야 축제가 축제다워졌다.

나는 축제를 '행사'로 끝내고 싶지 않았다. 축제가 끝난 뒤에도 사람들이 다시 찾을 수 있는 지속 가능한 풍경을 만들고 싶었다. 그래서 하천변의 버려진 산책로를 활용해 코스모스 포토존과 작은 산책길을 조성했다.

축제 기간이 아니어도 가을이면 누구나 걸을 수 있는 길이었다. 상인회와도 협력해 지역 상점들이 축제 이후에도 손님을 맞을 수 있는 연계 프로그램을 만들었다.

그렇게 축제는 끝나지 않고 마을의 일상으로 스며들기 시작했다.

축제 마지막 날 나는 꽃이 아니라 사람이 피어난 현장을 바라보았다. 함께 축제를 기획했던 마을의 농부가 내 어깨를 가볍게 두드리며 말했다.

"덕양의 가을이 돌아왔네요."

그 말 한마디면 충분했다. 그해 코스모스는 그 어느 때보다 아름다웠다. 꽃이 예뻐서가 아니라, 그 꽃 사이에서 사람들의 관계가 다시 피었기 때문이다.

39년 공직 생활 중
가장 아팠던 순간들

긴 공직 생활 동안 되돌아보면 수많은 성과가 있었지만 동시에 마음 깊이 새겨진 상처도 있었다. 나에게 공직은 매 순간 결단과 책임이 교차하는 자리였다. 잘한 일보다 아픈 기억이 더 오래 남는 것도 그 때문일 것이다.

그중에서도 잊히지 않는 사건이 두 가지 있다. 두 사건은 성격이 전혀 다른 일이었지만 공직자로서 내게 동일한 교훈을 남겼다.

'선의'와 '노력'만으로 결과를 담보할 수는 없다는 냉정한 진실이었다.

2013년, 나는 실무 책임자로서 킨텍스 부지 매각을 담당하고 있었다. 당시 부동산 경기는 최악이었다. 글로벌 금융위기 후폭풍이 이어지며 전국의 공공기관이 재정 건전성을 유지하느라 안간힘을 쓰던 때였다. 지방채 발행을 줄여야 한다는 행정적 압박은 컸고, 공사는 운영비 마련을 위해 어쩔 수 없이 자산 매각을 고려해야 했다.

그래서 더욱 법 절차를 하나하나 확인했다. 감정평가를 거쳤고, 모든 기관 협의를 투명하게 처리했다. 지금 돌이켜봐도 단 한 줄도 규정을 벗어난 것은 없었다.

그럼에도 시간이 흐른 뒤, 사건은 예상치 못한 방향으로 번졌다. 일부 시민단체가 헐값 매각이라고 주장했고, 정치적 의도가 섞인 비판들이 언론을 통해 확산됐다. 그 과정에서 나 역시 검찰 조사까지 받아야 했다. 억울하지 않다면 거짓말일 것이다. 그러나 억울함보다 더 힘든 것은 동료들이 상처받는 모습을 지켜보는 일이었다.

게다가 이 사건은 나의 공직 생활의 마지막을 완전히 흩트려 놓았다. 말 그대로 명예로웠던 39년간 공직생활을 불명예로 만들어버렸고, 마지막 순간까지 따라다니던 오해는 나를 한동안 흔들어 놓았다. 하지만 아이러니하게도 그 시기 나는 특별승진을 통보받았다.

조직이 나를 버리지 않았다는 사실이 위로였지만, 마음속 흉터는 오래도록 남았다.

또 다른 아픔은 통합 브랜드 콜택시 사업(콜택시 표준화)이었다. 좋은 취지였지만 끝내 현실화되지 못했다. 당시 고양시민들은 택시 이용에 불편을 느끼고 있었다. 서비스는 제각각이고 요금 민원도 많았다. 나는 택시 브랜드와 호출 시스템을 통합하면 서비스 품질을 끌어

올릴 수 있다고 판단했다. 시민의 이동권을 높이고, 택시 산업을 더 경쟁력 있게 만들겠다는 취지였다.

그러나 현장은 행정에서 바라본 것과 전혀 달랐다. 택시 업계는 생계 문제를 이유로 강하게 반대했고 시스템 통합 비용에 대한 걱정도 컸다. 시민들은 새로운 번호·앱·콜체계에 익숙해지기 어렵다며 불편을 호소했다. 그 모든 목소리들은 '좋은 의도'만으로는 설득할 수 없는 벽이었다. 시민이 불편하다면 아무리 옳은 정책이라도 쓸모를 증명할 수 없는 잘못된 정책이었다. 결국 사업은 중단됐다. 실패를 받아들여야 하지만 그동안의 공들인 시간과 노력들이 한순간에 물거품이 돼 허탈하고 쓰라리기도 했다.

킨텍스 부지 매각 사건은 나에게 공직자의 책임을 가르쳤고, 통합 브랜드 콜택시 사업은 시민의 관점을 가르쳤다. 두 사건 모두 내 공직 생활에서 가장 깊은 상처였지만, 동시에 가장 값진 스승이기도 했다.

그리고 퇴직을 앞두고 받은 홍조근조훈장은 그 모든 무너짐과 다시 일어섬을 조용히 끌어안아 준 선물과도 같았다. 실패를 통해 배운 교훈으로 더 나은 행정을 펼치려고 한 노력에 대한 인정이었고, 내가

지키고자 했던 가치에 대한 격려였다. 그리고 궁극적으로 내 행정의
방향이 틀리지 않았음을 확인시켜주는 징표와도 같았다.

08

39년 베테랑 행정가에서
초선 도의원으로

행정의 문을 닫고 정치의 문을 열다

하루 일정을 마치고 집으로 돌아오던 길이었다. 핸드폰으로 "잠깐 볼 수 있느냐"는 문자가 도착했다. 발신인은 한준호 국회의원이었다. 갑작스러운 요청이었지만 그의 말투에는 안부 이상의 의미가 담겨 있었다.

한준호 의원과 나는 서로 일하는 방식을 누구보다 가까이서 지켜봤던 사이다. 내가 고양시 기획조정실장으로 있을 때는 예산 편성과 지역 현안 논의로 자주 만났고, 덕양구청장으로 있을 때에는 민원과 지역이 안고 있는 숙제를 함께 풀어나가며 더 깊게 신뢰를 쌓았다.

그는 늘 행정가의 눈으로 현장을 바라보는 정치인이 필요하다고 강조했다. 처음에는 그 말이 깊게 와 닿지 않았다. 하지만 시간이 지날수록 그 말 뒤에 담긴 진심을 이해하게 됐다.

그날도 그는 먼저 내게 물었다.

"명 구청장님, 요즘도 아침마다 공원 돌아본다면서요?"

"네. 직접 보지 않으면 놓치는 게 많습니다."

"그래서 제가 명 구청장님을 신뢰하는 겁니다.

행정은 발로 하는 거고, 정치는 사람이 하는 거니까요."

그리고 그는 조금 뜸을 들이더니 이렇게 말했다.

"도에서 고양시를 제대로 챙길 사람이 필요합니다.

우리당 출신 중 도정 경험이 있는 고양 출신 도의원이 단 한 명도

없습니다. 그 첫 문을 구청장님이 열어 주십시오."

예상하지 못한 제안이었다.

그 제안을 받고 돌아오는 길 내내 마음이 복잡했다. 9급 공무원으로 출발한 내가 어느덧 3급으로 진급해 구청장이 되기까지 그 긴 여정이 파노라마처럼 스쳐갔다. 정치를 한다는 건 공직에서의 모든 관성을 벗어나는 일이었다. 행정은 규정과 법규 안에서 움직였지만 정치는 규정이 아니라 무수한 이해와 갈등 속에서 해답을 찾아야 하는 영역이었다.

그럼에도 머릿속에서는 한준호 의원의 말이 계속 맴돌았다.

"행정 경험이 있는 도의원이 필요하다."

나는 그 말을 누구보다 잘 이해했다. 실제로 행정의 속성을 모르는 정치인은 좋은 의도를 갖고도 엉뚱한 길을 선택하는 경우가 많았다.

집에 도착해 조심스레 아내에게 이야기를 꺼냈다. 반응은 예상대로 반대였다.

"여보, 정치는 너무 힘든 길이야. 절대 만만한 데 아니야."

가족들의 반대는 당연했다. 정치는 고요한 길이 아니지 않는가.

나는 가족들에게 조금만 더 생각해보겠다고 말한 뒤 하루, 이틀, 또 며칠을 고민 속에 보냈다. 나는 정치가 왜 필요한지 현장에서 누구보다 가까이 봐왔다.

행정은 사람을 위해 작동하는 도구지만 그 도구를 움직이는 손은 결국 정치였다.

그 손이 어긋나면 현장은 수년 동안 고통을 겪는다. 그 손이 제대로 방향을 잡으면 도시 전체가 달라진다.

오랜 고민 끝에 행정을 잘 아는 사람이 정치의 방향을 바로 잡아야 한다는 생각이 들었다.

가족들에게 행정에서 배운 것을 정치로 완성해보고 싶다고 설득했다. 가족들은 걱정했지만 내 진심을 알아주었다.

나는 한준호 의원에게 전화를 걸었다.

"의원님, 해보겠습니다."

그는 짧게 웃으며 말했다.

"고양을 위한 좋은 선택을 하셨습니다."

그렇게 나는 공직자로서의 문을 닫고 정치로 향하는 첫 문을 열었다.

그 문을 열면서 스스로에게 한 약속이 있다. 오직 국민만을 바라보는 정치를 하겠다는 것. 이제부터 그 약속을 지키기 위한 새로운 길이 시작됐다.

갈등을
조례로 풀다

———————

2022년 지방선거에서 당선돼 초선 도의원으로 도의회에 첫 출근하던 날. 그 낯선 공기를 지금도 또렷이 기억한다. 40년 공직의 마지막 직책이었던 구청장과는 또 다른 세계였다. 행정은 해답을 찾아가는 과정이었다면 정치는 '해답을 함께 만들어가는 과정'이었다. 나는 그 사실을 도의원 첫해에 온몸으로 배웠다.

가장 먼저 맞닥뜨린 것은 생활 현장의 민감한 갈등이었다. 난지물재생센터, 서울시립승화원, 광역 재활용센터 등 고양시가 오랫동안 겪어온 환경 기피시설 문제는 행정만으로 해결할 수 없는 난제였다.

"의원님, 왜 늘 고양이 피해를 봅니까?

서울 폐기물을 왜 우리가 감당 하냐고요?"

현장에서 만난 시민들의 분노는 날 것 그 자체였다. 기피시설을 둘러싼 갈등은 환경 문제만이 아니라 존중과 공정의 문제였다.

해답을 마련하기 위해 주민대표, 전문가, 행정부서, 서울시 관계자들과 수십 번 한자리에 앉았다. 어떤 날은 회의가 감정싸움으로 번졌고, 어떤 날은 합의점이 보이지 않아 새벽까지 논의가 이어졌다. 그러나 그 과정에서 나는 정치의 본질을 깨달았다. 정치는 누가 이기고 지는 게임이 아니라 모두가 조금씩 양보해 한 걸음 앞으로 나아가는 과정이라는 것을.

그렇게 마련된 것이 '경기도 환경피해로 인한 갈등 예방 및 조정 조례안'이었다. 기피시설 갈등을 지자체가 중재할 수 있도록 한 경기도 최초의 제도적 틀이다. 조례가 본회의를 통과하던 순간 나는 조용히 마음속에서 무거운 숨을 내쉬며 나지막이 말했다.

"이것이 내가 정치로 온 이유다."라고.

그리고 몇 달 후, 이 조례는 경기도의회 우수조례로 선정됐다.

누군가에게는 작은 상일지 모르나 나에게는 정치의 길을 흔들림 없이 걸어갈 수 있게 해 준 첫 번째 이정표였다.

조례안이 갈등 해소의 '틀'을 마련해 주었지만 실제 첨예한 현장의 갈등은 조례 문구만으로 해소되지 않았다. 특히 서울시와 고양시의 경계를 두고 수십 년간 얽힌 폐기물 처리 문제와 주민 지원 문제는 서로의 가장 예민한 부분을 건드리는 지난한 싸움이었다.

서울시에는 예산 절감과 안정적 폐기물 처리가 지상 과제였고, 고양시 주민들에게는 수십 년간 누적된 건강 피해와 공정성 회복이 절대 양보할 수 없는 가치였다.

나는 이 첨예한 대립 속에서 단순히 중재자가 아니라, 양쪽의 언어를 모두 이해하고 번역하는 '통역가'의 역할을 자처해야 했다. 상대의 논리가 아닌 상대의 절박함을 이해할 때 비로소 대화의 물꼬가 트인다는 것을 배웠다. 단 한 치의 양보도 없을 것 같던 테이블에서 서로의 상황을 인정한 뒤에야 비로소 수치와 예산을 넘어선 협의점이 나타났다.

정치는 결국 이처럼 냉혹한 현실의 이해관계를 '신뢰'와 '공감'이라는 부드러운 언어로 엮어내는 고도의 작업이었다.

또한 정치의 언어는 조항이나 합의에만 있는 것이 아니었다. 결국 모든 약속과 합의는 '예산'이라는 현실의 언어로 증명되어야 했다. 행정가 시절에는 '확보된 예산을 효율적으로 집행하는 것'이 미덕이었지만, 도의원이 된 후에는 '필요한 예산을 반드시 확보하는 것' 자체가 책임의 무게로 다가왔다.

예산의 정치학

도의원에게 예산은 한 지역의 10년 뒤, 20년 뒤를 바꾸는 도시의 설계도가 되는가 하면 주민과의 약속을 이행하는 가장 강력한 도구다. 그리고 그 돈을 어디에 먼저 흘려보낼지 그 책임은 오롯이 정치인의 몫이었다.

나는 예산을 지역 곳곳의 위험, 불편, 결핍들을 메우는 일에 먼저 집행했다. 누구는 티도 나지 않는 일이라 했지만 정작 시민들은 그 변화를 가장 빠르게 체감했다.

어린이공원처럼 아이들의 안전과 어르신들의 쉼터가 함께 있는 공간을 만들기 위해 특조금을 확보한 것도 그런 이유였다. 저출산 시대에 아이들이 뛰어놀 수 있는 공원을 만드는 일은 미래를 위한 투자였다.

일산 호수공원과 근린공원 6곳을 리모델링한 것 또한 지역의 정주의식을 높이기 위한 조치였다. 코로나19 이후 사람들은 집 가까운 공원에서 안전하고 편안하게 시간을 보내고 싶어 했다. 그러나 예산은 쉽게 얻을 수 있는 것이 아니었다. 도의회의 문을 두드리고, 경기도청 국·과장들을 수십 번 만나고, 조목조목 근거를 쌓아가는 과정이 필요했다.

"의원님, 꼭 해야 하는 이유가 뭔가요?"

누군가는 이렇게 물었다.

나는 늘 한 문장으로 답했다.

"하지 않으면 시민들이 불편합니다."

그 한 문장이 나를 하루에도 수십 번 움직이게 했다. 동시에 나는 예산을 한 곳만 비대하게 만드는 방식이 아니라 생활권 전체의 균형을 맞추는 방식으로 배분하고 싶었다.

그래야 한 지역만 성장하는 게 아니라 도시 전체가 함께 올라설 수 있다.

나는 행정가 시절 예산 부서의 시각을 누구보다 잘 알았다. 사업의 타당성, 예산 집행 가능성, 정책의 파급효과 등 공무원들이 예산을 검토할 때 어떤 기준을 중시하는지 정확히 알고 있었다. 이 지식은 정치적 협상에서 강력한 무기가 됐다.

나는 무조건 우리 지역에 달라는 감정적인 요구 대신, 이 예산이 도 전체의 행정 효율을 어떻게 높일 수 있는가에 초점을 맞춘 논리로 접근했다. 단순히 공원 리모델링 예산을 요구하는 것이 아니라 노후된

주택가 근린공원 개선이 범죄율 감소, 정주 인구 유출 방지, 지역사회 활성화라는 더 큰 경기도 정책 목표에 기여함을 수치와 논리로 설득했다.

　가장 어려웠던 것은 지역 간 형평성 논리였다. 경기도 전체를 아우르는 예산 심사 과정에서 고양시의 필요를 주장하는 것은 언제나 다른 지역 의원들의 견제와 부딪혔다. 이때 중요한 것은 우리 지역만 특별하게 해달라는 접근이 아니라 고양시의 이 문제가 해결되면 경기도 전체가 어떻게 개선되는가를 증명하는 것이었다. 나는 이 과정을 통해 행정가 시절 '내 부서'나 '내 구역'만 보았던 시야가 '경기도 전체'라는 더 큰 지도를 보게 되는 정치적 시야로 확장되는 것을 느꼈다.

　예산의 흐름을 챙기면서 나는 '행정가 명재성'에서 '정치인 명재성'으로 성장하고 있었다.

조용하지만
우직한 리더십

행정가 시절부터 조용한 리더십이라 불렸던 나의 방식은 말보다 행동이 앞섰고, 그 우직함이 오히려 정치의 영역에서 뜻밖의 힘을 발휘했다. 상임위 일정이 끝나면 곧장 현장을 찾는 습관은 도의원 생활에서도 변함이 없었다.

배수펌프장, 쓰레기 적환장, 승화원 주변, 악취 민원이 반복되는 난지 인근 지역까지 직접 보고 들어야 비로소 판단할 수 있다는 확신 때문이었다.

특히 기피시설 문제는 수십 년 동안 고양시를 짓눌러온 숙제였다. 서울시와 경기도의 권한이 맞물리지 않는 구조에서 고양시는 늘 사각지대에 놓였고 누군가가 책임 있는 목소리를 내지 않으면 갈등은 더 깊어지기만 했다. 시민들이 쌓아온 분노, 오랫동안 해결되지 않은 억울함, 그리고 행정의 무기력 속에서 느낀 좌절은 단순히 시설 문제를 넘어 존엄의 문제로 이어졌다.

나는 상임위에서 관련 기관장들에게 실질적 대책을 요구하면서도 동시에 당장 해결이 어렵더라도 사람을 대하는 태도부터 바꿔야 한다고 강조했다. 정치는 현실을 하루아침에 바꾸지 못하지만 사람의 마음을 오늘부터 바꿀 수 있다고 믿었기 때문이다.

갈등은 하나의 사건이 아니라 사람들의 일상 속에서 조용히 자라나는 문제였다.

난지 악취 민원이 터질 때마다 도와달라는 연락은 언제나 밤 시간에 왔다. 직장인들이 집에 돌아와 창문을 열었을 때 비로소 악취가 느껴졌기 때문이다.

나는 과거 행정가로서 들었던 그 목소리를 상임위와 관계 기관 회의에서 반복해 전달했다. 문제의 기술적 해결보다 중요한 것은 시민이 겪는 체감의 시간대를 이해하는 것임을.

행정 기록상 '악취 발생 없음'으로 남는 시간에도 누군가의 삶은 충분히 불편할 수 있다는 사실을 그제야 관계기관도 이해한 듯 보였다.

도의원 임기 동안 가장 신경 쓴 것은 생활 기반의 공백을 메우는 일이었다. 눈에 잘 보이는 대형 사업보다 작지만 오래된 문제를 먼저 손대는 것이 도시의 건강을 지키는 길이라고 믿었다. 경로당 냉난방 교체, 소규모 체육시설 정비, 동네 샛길의 안전조명 설치 같은 사업들은 큰 뉴스가 되지 않지만 실제로 주민들에게 가장 빨리 체감되는 변화였다.

특히 경로당 시설 문제는 여름엔 너무 덥고, 겨울엔 너무 춥다는 민원이 반복됐다.

나는 복지 담당자와 협의해 우선순위를 조정했고 짧은 기간 안에 상당수의 노후 설비를 교체할 수 있었다.

정치가 쉬운 순간은 없었다. 때로는 오해를 견뎌야 했고, 때로는 내가 하지 않은 일의 책임을 떠안기도 했다. 하지만 도의회에서 보낸 시간들은 나의 행정적 경험이 정치로 확장되는 과정이었다. 보고서에서 시작된 생각이 현장의 체감으로 확고해지고 그 체감이 다시 정책의 언어로 옮겨지면서 도시의 작은 변화들이 만들어졌다.

존엄한 노동을 위한
현장의 목소리

공무원으로 39년을 살며 사람이 가장 힘들어하는 지점은 언제나 제도 밖에 놓이는 순간이라는 걸 뼈저리게 경험했다. 그래서 정치의 첫걸음을 내디딘 뒤에는 가장 약한 곳, 가장 목소리가 닿지 않는 현장을 찾아가는 것이 먼저였다.

눈에 잘 띄지 않는 새벽의 노동, 아무도 박수치지 않는 돌봄의 손길, 누군가의 하루를 대신 짊어지는 사람들. 그중에서도 내 마음을 가장 오래 붙잡아두었던 이들은 환경미화원과 요양보호사였다.

겨울이면 살을 에는 바람 속에서 젖은 쓰레기봉투를 들어 올리고 여름엔 폭염 아래에서 냄새와 싸우며 하루를 버텨야 한다. 하지만 이들의 처우는 오랫동안 '비정규'라는 이유로 뒤로 밀려나 있었다. 문제는 단순한 임금의 문제가 아니었다.

직영과 민간위탁 사이에서 급식비가 다르게 지급되는 차별적 급식비 체계, 최저임금 계산에서 각종 수당을 끼워 넣어 실질 소득을 깎아버리는 편법적 임금 산정 방식, 파상풍·폐렴구균 같은 기본 예방접

종조차 지원받지 못하는 현실까지. 이건 '비용 절감'이라는 이름으로 은근히 합리화된 구조적 차별이었다.

요양보호사들의 현실도 다르지 않았다. 돌봄이라는 이름 아래 누구보다 많은 노동을 하고 있지만 그들을 보호해주는 제도적 울타리는 허술하기 짝이 없었다.

휴게시간은 지켜지지 않았고, 보호 장비는 낙후돼 있었으며, 치매 어르신을 돌보는 과정에서 겪는 감정노동은 공론화조차 되지 못했다.

"하루에 열 번도 넘게 울고 싶을 때가 있어요."

한 요양보호사의 말은 그들의 직업이 '노동'이 아니라 '상처를 견뎌내는 일'에 가깝다는 것을 말해주었다.

"아무리 얘길 해도 변하는 게 없습니다."

환경미화원 작업장에서 나온 이 말은 원망보다 체념에 가까웠다. 정치가 제 역할을 하지 못하면, 사람들의 삶이 어떤 무력감 속에 갇히는지를 보여주는 문장이었다.

그래서 나는 가장 먼저 그들의 근무 환경을 의회에 올렸다. 휴게시설 실태조사, 안전장비 보강, 임금체계 전면 재검토, 급식비 정액 지급 문제, 최저임금 편법 시정을 위한 행정협의, 그리고 무엇보다 예방접종 지원 체계 마련까지 하나씩 절차를 밟았다.

환경미화원들의 휴게실 문제는 현장 점검 이후 개선 사업이 공식적으로 추진되기 시작했고, 낡은 보호 장비 역시 예산 항목으로 반영되면서 교체가 가능한 구조로 바뀌어갔다. 민간위탁과 직영 간의 급식비 차별 문제도 문제 제기 이후 제도 개선 논의가 본격화되었고, 최저임금 편법 산정 관행 또한 공식 협의 테이블 위로 올라와 '숨겨진 차별'을 더 이상 감출 수 없게 만들었다.

요양보호사들의 경우 처우 개선을 위한 조례 제정 시도가 있었고, 도정 차원에서 제도적 기반 마련 논의가 반복되고 있다. 그러나 아직 '체계적 정비'라 부를 만큼의 제도화와 실행 체계 구축은 완결되지 않았다. 나는 현장 간담회와 실태 보고를 통해 휴게시간·감정노동 보호 기준을 제도화하기 위한 제도 마련 노력을 지속적으로 추진하고 있다.

무엇보다 환경미화원들의 파상풍·폐렴구균 등 필수 예방접종 지원 문제는 아직 풀리지 않은 숙제로 남아 있다. 노동의 최전선에서 생명을 보호하는 일이 정치의 최소한의 책무이기에 이를 위해 논의를 열어갈 계획이다.

많은 장애물 앞에서 더딘 걸음이지만 끈기 있게 더 나은 방향을 찾아서 나아갈 것이다.

09

다시
고양을 생각하다

행신에서 강릉까지
시민이 연 길

행신~강릉 KTX 개통은 행정과 시민의 힘이 함께 만들어낸 변화였다. 행신역은 호남선과 경부선 KTX의 출발역이었지만, 유독 강릉선만 서울역에서 출발했다. 기지창이 행신에 있음에도 시민들은 늘 서울역까지 이동해야 했다. 불편은 일상이었고 지역 차별이라는 지적도 계속됐다. 계속해서 고양시민들의 개선 요구가 이어졌지만 '검토'라는 말만 반복될 뿐 실질적 변화는 없었다.

나는 당시 덕양구청장으로서 주민들과 함께 다시 행동에 나섰다. 현장에서 서명을 받는 시민들을 직접 만났다. 퇴근길에 잠시 들러 이름을 올리던 직장인, 유모차를 밀며 불편함을 털어놓던 젊은 부모, 행신역을 지켜보며 수십 년을 살아온 어르신들까지. 요구는 이동권을 보장해달라는 한 가지였다.

"행신에서 출발해야 불편이 줄어듭니다."

한 달 동안 서명에 참여한 시민이 무려 4만 8천 명에 달했다. 오랫동안 미뤄져 온 권리회복을 위한 의지였다. 나는 서명지를 들고 지역구 국회의원인 한준호 의원을 직접 찾아가 전달했다. 그리고 이것은 시민들의 요구라는 말을 덧붙였다. 서명지는 종이 뭉치가 아니라 시민의 간절함이 담긴 기록이었다.

협의 과정은 쉽지 않았다. 국토부와 철도공사는 비용과 운영 문제를 들며 주저했다. 그러나 지역사회가 한목소리를 냈고 논리적 근거와 시민들의 참여가 결합되자 힘이 더욱 실리고 변화의 조짐이 보였다.

그리고 마침내 2022년 4월 1일, 강릉 KTX가 행신역에서 첫 출발하는 것이 확정됐다. 플랫폼에 모인 주민들과 함께 그날을 맞이했다. 열차가 서서히 출발하자 시민들은 환호의 박수를 보냈다. 휴대폰으로 열차를 촬영하던 아이들, 서로 고개를 끄덕이며 안도의 미소를 나누던 어르신들. 그 장면은 모두에게 오랫동안 기다려온 변화가 눈앞에 완성되는 순간이었다.

이 변화는 시민들이 직접 참여하고, 지자체가 중심이 되어 논리를 만들고, 국회가 응답하며 행정이 움직이는 과정이었다. 또한 교통 개선을 넘어 시민의 참여가 제도를 움직이고 행정이 그 요구를 실천으로 연결한 사례이기도 했다. 이 경험을 통해 나는 다시 확인했다. 도

시를 바꾸는 힘은 정치인의 말보다 시민의 참여와 연대에서 나온다
는 사실을.

이것은 시민과 함께 만든 '행신의 변화'였다.

이 협력의 구조는 앞으로 고양시가 나아가야 할 방향을 분명히 보
여준다. 이 유기적 방식은 고양시 모든 현안에 적용될 수 있는 가장
강력한 실행 모델이다.

또한 이번 개통은 광역교통망의 확충이 도시 경쟁력의 핵심이라는
것을 다시 한 번 확인시켰다. 고양은 GTX, 고양은평선, 고양-서울 간
네트워크 등 굵직한 사업들이 동시에 추진되고 있다. 시민과 행정이
함께 움직이는 힘이 있다면 이 사업들 역시 속도를 낼 수 있다. 나는
행신~강릉 KTX 개통은 한 노선이 연결된 것만이 아닌 고양시가 시
민 중심의 도시로 전환하는 첫 신호탄이라고 생각한다. 그날 그 환호
의 장면을 떠올릴 때마다 같은 확신에 도달한다. 도시를 움직이는 것
은 제도가 아니라 시민이라는 것을.

삼중규제의 도시,
성장이 멈춘 지도 위에서

지도 위에서만 보면 고양은 화려한 도시다. 서울과 맞닿아 있고, GTX와 KTX, 고속도로와 순환도로가 교차한다. 그러나 행정 서류를 펼쳐 놓고 보면 전혀 다른 얼굴이 드러난다.

수도권정비계획법, 군사보호구역, 개발제한구역. 이 세 줄의 문장이 고양의 땅 위를 촘촘하게 덮고 있었다. 나는 이 현실을 '삼중규제의 도시'라고 불렀다.

신도시가 지어지고 인구가 늘어났지만 기업을 유치하려고 하면 법과 규제가 동시에 벽이 됐다. 새로운 산업단지를 구상해 R&D 기업을 모셔 오려 해도 늘 마지막 줄에는 같은 문장이 남았다. '입지 규제 검토 필요'

일산테크노밸리는 그런 모순의 상징과도 같았다. 미래 산업 거점을 만들겠다며 의욕적으로 시작했지만, 폐수 유발 업종 입주 제한, 처리시설 문제, 환경 규제 등으로 산업시설용지 공급은 번번이 막혀 있었다.

분양은 늦어지고 기업들은 발길을 돌렸다. 나는 도시환경위원회에서 이 문제를 집요하게 물었다. 규제 때문에 기업이 못 들어오는 도시라면 이곳은 더 이상 신도시가 아니라 규제박물관일 수밖에 없다. 규제를 풀자는 말이 곧 환경을 포기하자는 뜻은 아니다.

나는 늘 완화해야 할 규제와 끝까지 지켜야 할 기준을 구분하자는 원칙이 있다. 환경을 훼손하지 않으면서도 첨단기업이 연구소와 사무실을 지을 수 있는 도시, 주민들이 일자리와 삶의 질을 동시에 누릴 수 있는 도시, 그 방향을 찾는 것이 정치의 역할이라고 믿었다.

고양이 베드타운에 머물 것인지, 서울의 위성 궤도에서 벗어나 자족도시로 설 것인지의 갈림길에서 나는 삼중규제를 정면으로 바라보는 일을 피하지 않으려 했다.

규제는 목적이 아니라 수단이어야 한다. 도시의 미래를 가두는 틀이 아니라 도민의 안전과 환경을 지키기 위한 합리적 장치가 되어야 한다. 고양은 잠재력이 아니라 실행력이 필요한 도시다.

결국 고양이 당면한 삼중규제의 벽은 일반적인 행정 절차로는 무너뜨릴 수 없다. 필요한 것은 '면밀한 계획'과 '행정의 논리', 그 위에 더해지는 시민의 집단적 실행 의지다. 행신 KTX 개통에서 우리가 확인했던 바로 그 힘이다. 시민이 문제를 명확히 정의하고, 행정이 실행안을 만들고, 중앙정부가 응답하는 구조. 이 구조가 삼중규제를 풀어낼 가장 현실적이고 강력한 해법이다.

수도권정비계획법의 총량 규제 앞에서는 고양의 방향성을 분명히 해야 한다. 마구잡이식 산업 유치가 아니라 환경 훼손 없이 고부가가치를 창출하는 미래형 혁신 특구의 비전을 제시하는 것이다. 기술·환경·도시경쟁력 모두를 아우르는 논리로 중앙정부를 설득해야 한다.

군사보호구역 역시 더 이상 일방적 제한의 공간에 머물 수 없다. 고도 제한과 토지 이용 규제를 조정하고, 필요하다면 군사시설의 재배치나 지하화를 통해 안보와 도시발전의 조화 모델을 만들 때다. 도시의 성장을 막는 벽이 아닌 새로운 산업과 교육의 기회로 전환하는 방향을 모색해야 한다.

개발제한구역 또한 무분별한 해제가 아니라 환경 가치가 낮고 개발 수요가 집중된 지점을 선별해 해제하고 그 이익을 다시 녹지 확충과 공원으로 환원하는 방식을 고려해야 한다. 이것이 보존과 성장의 선순환을 설계하는 일이다.

그리고 시민이 함께 나설 때 행정은 강력한 추진력을 얻는다. 고양시가 넘어야 할 삼중규제의 벽은 결코 가벼운 문제가 아니지만 행신KTX에서 이미 증명했듯 시민의 의지가 모이면 멈춰 있던 정책도 움

직인다. 고양은 잠재력의 시간이 아닌 실행의 시간으로 나아가야 한
다. 그리고 그 길은 언제나 시민과 함께 열릴 것이다.

고양시의
대형 개발 프로젝트를
돌아보다

K-컬처밸리, 방송영상밸리, 일산테크노밸리, 기업성장지원센터. 고양시의 대표적인 개발 프로젝트들이다. 그리고 여러 신도시와 복합개발 계획들이 줄지어 있다. 하지만 실제 사업의 진행 상황을 들여다보면 곳곳에 '지연'이라는 도장이 찍혀 있었다.

특히 방송영상밸리 사업의 표류는 상징적이었다. 속도가 나지 않는 이유를 살펴보니 특별계획구역 지정, 설계 공모, 주상복합단지의 방송시설 비율 조정 요구 등 고양시가 제시한 조건이 사업을 사실상 멈춰 세우고 있었다.

이 상황이 지속된다면 결국 재정 손신과 공실 위험으로 되돌아올 수밖에 없다. 방송영상밸리 사업이 오래 지연될 경우 경기주택도시공사에 예상되는 재정 손실만 최대 6,000억 원에 이른다. 이 엄청난 손실 앞에서 나는 더 이상 침묵할 수 없었다. 기업성장지원센터 역시 마찬가지였다. 착공이 6개월 넘게 늦어지는 사이 고양시의 용도비율·디자인 변경 요구가 이어지고 있었다.

이미 고양시 지식산업센터 공실률이 20%를 넘는 상황에서 입주 시기가 겹치면 '빈 건물만 늘어나는 도시'가 될 위험이 분명히 보인다. 도의원은 시의 집행부를 대신할 수 없다. 그러나 도정과 도시개발의 방향이 시민의 이익보다 개인의 판단과 고집에 끌려가는 순간, 그 흐름을 공개적으로 지적하고 바로잡도록 요구하는 것이 내 역할이라고 생각한다.

사업이 공회전 되면서 결국 시민의 혈세만 낭비되고 있다. 속도를 내야 할 사업은 제때 밀어주고, 멈춰야 할 사업은 냉정하게 재검토하는 것, 그 균형을 지키는 것이 도시환경위원회 소속 도의원으로서 나의 책무였다. 개발은 도면이 아니라 시간의 예술이다. 적기에 추진되지 못한 사업은 몇 년 뒤 전혀 다른 의미로 돌아온다.

개발 지연은 시민들의 일상과 직결되는 문제이기도 하다. 일자리를 기대했던 청년들은 희망을 잃고, 지역 경제 활성화를 꿈꾸던 소상공인들은 기회를 놓치게 된다. 장밋빛 청사진만 난무하고 실제 현실은 제자리걸음을 하는 사이, 고양시의 잠재력은 점점 빛을 잃어가게 될 것이다. 고질적인 지연은 도시의 성장 동력을 갉아먹고 미래 비전을 불투명하게 만드는 심각한 문제다.

특히 복잡한 인허가 과정과 잦은 계획 변경은 투자 유치를 어렵게 만들고, 이는 다시 개발 지연으로 이어지는 악순환의 고리를 형성했다. 이러한 행정의 비효율성은 고양시가 가진 뛰어난 입지 조건과 잠재력을 제대로 활용하지 못하게 하는 가장 큰 장애물이었다.

나는 이러한 문제점을 수없이 지적하고 개선을 촉구해왔다. 현장에서 이해관계자들의 의견을 경청하고, 관련 전문가들과 함께 대안을 모색하는 데 집중했다.

단순히 비판에만 그치지 않고, 실질적인 해결 방안을 제시하며 집행부와의 소통을 통해 문제 해결을 위한 건설적인 논의를 이어가고 있다. 하지만 여전히 변화의 속도는 더디기만 하다.

고양시의 지연되는 개발 프로젝트들은 사업 차질을 넘어 도시의 미래 경쟁력과 시민들의 삶에 지대한 영향을 미치고 있었다. 이제는 더 이상 미룰 수 없는 시점이다. 탁월한 행정력과 정치적 결단이 필요한 때이며 오직 시민의 이익을 최우선으로 하는 투명하고 신속한 행정만이 고양시의 밝은 미래를 열 수 있을 것이다. 개발은 기다림이 아니라 결단과 실행의 문제임을 다시 한 번 강조하고 싶다.

도시를
다시 읽는다는 것

　고양을 다시 생각한다는 것은 결국 도시의 경계를 다시 그린다는 일이었다. 행정구역의 선이 아니라 생활의 경계를 기준으로 다시 개념을 바꾸는 것이다. 그 과정에서 나는 생각보다 더 많은 사람들을 만났다. 아침마다 행주대교를 넘어 서울로 출근하는 시민, 일산 장항에서 새롭게 가게를 열었지만 유동인구 부족에 고민하는 청년 사장, 덕양의 오래된 시장에서 카드를 받지 않는 가게 때문에 불편함을 겪는 어르신, 고양창릉 개발로 이사 걱정을 하는 세입자들까지. 도시 발전을 이야기하려면 먼저 사람이 느끼는 속도를 이해해야 한다는 것을 배웠다.

　정치인이 되고 나서는 '도시의 성숙'이라는 말이 추상적인 수사가 아니라 현실의 과제임을 알게 됐다. 고양은 이미 성장의 시대를 지나 '성숙의 도시'로 넘어가야 하는 시점에 와 있었다. 이제는 확장보다 정밀함을 살리고, 안전을 강화하고, 생활의 균형을 회복하는 방식이 자리 잡아야 한다.

왜 어떤 동네에는 청소년들이 갈 곳이 많고, 어떤 동네에는 단 한 곳도 없을까?

왜 어떤 지역은 저녁이 되면 상권이 살아나는데, 어떤 지역은 불이 꺼지듯 조용해질까? 왜 어떤 구역은 노후화가 가속되고, 어떤 구역은 변화의 속도가 너무 빨라 주민들이 따라가지 못할까?

도시가 가진 불균형의 본질은 결국 삶의 균형의 문제였다.

도시가 너무 빠르게 달리면 가장 약한 곳에서부터 균열이 시작된다. 반대로 도시가 너무 느리면 가장 기회를 필요로 하는 사람들에게 시간이 흘러가는 것이 손해가 된다.

나는 고양은 그 둘 사이를 어떻게 잡아야 하는지 고민하고 있다. 고양을 여전히 가능성이 많은 도시다. 균형 잡힌 속도로 함께 나아갈 때 우리는 비로소 모두가 만족하는 새로운 표정의 도시를 만들 수 있을 것이다.

도시를 다시 읽는다는 것은 결국 시민들이 원하는 '일상의 정의'가 무엇인지 묻는 과정이다. 특히 고양처럼 신도시와 구도시가 혼재한 때 한쪽의 성장이 다른 쪽의 소외로 이어지지 않도록 복지, 교통, 문화 인프라를 조정하는 정교함이 필수적이다.

이러한 불균형 해소를 위해 나는 '생활권 중심의 정책'을 제안해 왔다. 행정상의 동 단위를 넘어 실제 주민들이 걷고 소비하고 소통하는 반경을 하나의 단위로 설정하고 맞춤형 대책을 세우는 것이다. 예를 들어 청년 창업 인프라가 부족한 지역에는 그들이 필요로 하는 공유 오피스와 멘토링 프로그램을, 노인 인구가 밀집된 지역에는 맞춤형 의료 및 여가 시설을 확충하는 방식이다. 이는 '모두에게 동일한 복지'가 아닌 '각자의 필요에 맞는 균형'을 찾아가는 여정이다.

정치적 갈등과 이해관계의 충돌 역시 도시의 성숙을 가로막는 주요 장애물이었다. 나는 도의원으로서 이러한 갈등을 회피하지 않고 오히려 공론의 장으로 끌어내어 투명하게 논의하는 것을 원칙으로 삼았다. 도시를 다시 읽는다는 건 서로 다른 목소리를 경청하고 그 사이에서 시민 전체의 공통분모를 찾아내는 리더십의 문제이기도 했다.

도시의 성숙은 행정의 효율성을 넘어 시민의 참여와 공감에서 완성된다. 시민들이 자신들이 사는 동네의 문제점과 가능성을 가장 잘 알기 때문이다. 나는 지역 사회의 작은 모임부터 대규모 주민 토론회까지 시민들의 의견이 정책에 반영되는 소통 채널을 상시적으로 구축하는 데 힘써왔다. 고양시는 이제 더 이상 누가 더 많이 가졌는지를 다투는 경쟁의 도시가 아니라 서로의 다름을 인정하고 부족한 부분을 채워주는 상생의 도시로 나아가야 한다. 이 과정이 바로 고양의 진정한 '성숙'을 이루는 길이며, 내가 정치에서 이루고자 하는 핵심 가치이다.

도시 회생의
골든 타임

―――――

고양의 1기 신도시는 서울의 주택난을 해소하고 주거와 생활을 안정적으로 공급하기 위해 매우 짧은 시간 안에 하지만 정교한 계획 속에서 지어졌다.

30년 전엔 자랑이자 자부심이었지만 지금은 하나의 도시가 동시에 재정비를 요구하는 압력으로 돌아오고 있다.

겉으로 멀쩡해 보이던 길과 건물은 같은 시기에 피로가 왔고, 상하수도, 열수송관, 도로, 주차 구조까지 도시의 기반이 '비슷한 시간대'에 한꺼번에 수명을 다하고 있다.

고양의 문제는 비단 낡았기 때문만이 아니라 이미 높은 용적률로 설계돼 재건축민으로는 사업성 자체가 나오기 어렵다는 것이 사실상 문제의 본질이다. 그래서 주민들은 용도지역 상향이나 특별법을 요구하고, 도시는 과밀과 기반시설 부담 사이에서 답을 찾지 못한 채 멈춰 있다. 해법이 아니라 딜레마만 축적되는 도시, 그것이 지금의 고양이다.

신도시의 첫 입주민들은 이미 고령화 단계에 들어섰고, 젊은 세대는 교육·일자리·의료 인프라를 이유로 도시 밖에서 미래를 찾기 시작했다. 세대교체가 일어나지 않는 도시는 서서히 내부의 체력도 잃어가는 법이다.

1기 신도시가 '베드타운'으로 설계된 것은 시대의 요구였다. 그러나 시대가 바뀌었음에도 도시는 아직도 그 틀 안에서만 기능하고 있다.

일자리의 부재, 산업 생태계의 부재, 서울 대형 병원 의존도를 벗어나지 못한 의료 시스템, 이 모든 것이 신도시의 한계를 강화한다.

고양에서 하루를 시작한 시민이 고양에서 일을 하고, 배우고, 돌봄을 받고, 문화와 여가를 누리는 구조를 만들지 못한다면 도시의 가치는 결국 침식된다.

고양의 미래가 어떤 모습이어야 하는지, 신도시가 어떤 방식으로 재창조되어야 하는지에 대한 장기적인 비전을 하루빨리 세워야 하는 이유가 바로 여기에 있다.

게다가 K-컬처밸리, 방송영상밸리, 지식산업센터 등 대형 사업들이 줄줄이 지연되고 멈춰 섰다. 사업의 실패가 아니라 결정이 중단된 상황이다. 만약 줄줄이 실패하게 된다면 도시의 가치 하락은 더욱 가속화될 것이다.

이제 이상 도시가 보내는 신호를 외면해선 안 된다. 멈춰 선 시계를 다시 움직이게 할 용기 있는 결단만이 고양시를 다음 세대에 물려줄 자랑스러운 자립 도시로 만들 것이다.

10

고양의 내일을
설계하다

보이지 않는
인프라가 튼튼한 도시

정치 무대에 발을 들여놓자 눈에 보이는 건물의 웅장함 뒤로 숨겨진 도시의 '진짜 근육'이 보이기 시작했다. 바로 도시의 눈에 보이지 않는 인프라였다. 한 도시를 진짜로 움직이는 것은 땅속의 관로, 교통망의 신경줄, 행정 시스템의 회선, 그리고 시민 안전을 지키는 촘촘한 경보망 같은 보이지 않는 구조물들이었다.

고양은 외형적으로는 이미 완성도 높은 도시였다. 그러나 내가 도의회에서 마주한 고양의 속살은 전혀 달랐다. 보도 자료에 등장하지 않는 문제, 사진 한 장 찍히지 않는 사안들. 시민의 하루를 좌우하는 가장 중요한 것들이 바로 이 보이지 않는 구조 속에 있었다. 나는 상임위에서 수없이 반복되는 단어들을 잊지 못한다.

노후 시설, 관리 사각지대, 기후 리스크, 관로 포화, 안전 공백. 이 말들은 그 어떤 개발 계획보다 도시의 미래를 더 확실하게 말해주는 신호였다.

나는 특히 기후 변화로 인한 극단적 폭우와 폭염이 도시를 순식간에 마비시키는 경험들이 늘고 있다는 것에 주목했다. 기후 위기의 시대에 도시 인프라는 더 이상 설비가 아니라 '재난 대응 능력' 그 자체다. 고양을 다시 생각하는 일은 눈에 보이지 않는 이런 부분까지 재편하는 일이기도 하다.

교통도 마찬가지다. 우리는 교통이라고 하면 흔히 "도로망"을 떠올린다. 그러나 시민의 이동권을 결정하는 것은 교통의 알고리즘이다. 도시 전체의 이동 데이터를 분석해 언제 어디서 사람이 몰리고, 어디에서 병목이 생기며 어떤 구간이 상습 지연되는지를 보는 능력. 그 데이터를 읽어야만 버스 직선화도, 마을버스 재편도, 도시 전체의 이동 효율도 실질적으로 개선할 수 있다.

도시를 다시 설계한다는 것은 보도에 나오는 사업의 이름을 바꾸는 일이 아니라 이렇게 도시 내부의 '운영 체계'를 고치는 일이어야 한다. 상수·하수 관로, 공공안전망, 도시 열섬 완화, 노후 도로의 충격 흡수층 교체, 침수 위험지대의 우수저류시설 확충 이런 단어들은 언제나 뒷전이었다.

하지만 도시의 미래는 여기서 갈린다. 과연 우리는 이 도시의 10년 뒤를 대비하고 있는지 끊임없이 질문해야 한다. 어떤 상황에서도 일상이 멈추지 않도록 도시를 견고하게 만드는 것이 진짜 경쟁력 있는 도시로 가는 지름길이다.

제 시간에 맞춰 오는 버스, 끊기지 않고 공급되는 깨끗한 물, 침수가 되지 않는 터널과 도로. 이런 기본이 지켜져야만 기업도 오고, 사람도 머무르고, 아이도 자란다.

나는 고양의 미래를 생각할 때 누구보다 먼저 도시 운영의 기본 골격을 떠올린다. 겉모습을 바꾸는 도시가 아니라 뼈대를 단단히 고치는 도시. 겉으로는 조용하지만 내부는 한층 더 강해지는 도시. 이것이 내가 정치에서 내린 결론이었다.

그리고 나는 이 도시의 보이지 않는 기반을 더 안전하고, 더 똑똑하고, 더 튼튼하게 만드는 데 앞으로의 시간을 쓰고 싶다.

고양의 미래를 위한
일자리·교육 ·교통·의료

고양의 미래를 논할 때 빠질 수 없는 네 가지가 바로 일자리·교육·교통·의료다. 겉으로 보기에는 각각 다른 영역 같지만 실제로는 한 사람의 삶이 촘촘히 엮여 있다.

먼저 일자리다. 고양은 서울과 가깝다는 장점을 가지고 있지만 그 장점이 오히려 한계를 만들기도 했다. 서울로 출퇴근하는 도시, 잠만 자는 도시라는 인식은 쉽게 지워지지 않았다.

나는 고양을 서울의 부속도시가 아니라 스스로 경제를 일으키는 도시로 바꾸고 싶다. 먼저 연구와 개발, 기후산업, 콘텐츠 산업이 함께 들어오는 질 좋은 생태계를 구축하겠다.

그래야 청년들이 이 도시를 잠시 머무는 곳이 아니라 인생을 설계할 수 있는 곳으로 선택할 수 있다.

일자리가 있다면 그다음으로 중요한 것은 주거와 교육이다. 청년들이 가장 많이 하는 말이 있다.

"일은 서울에, 집은 고양에, 마음은 어디에도 정착하지 못한 느낌입니다."

나는 이 고리를 끊고 싶다.

청년들이 고양에서 일하고, 고양에서 살며, 고양을 기반으로 가정을 꾸릴 수 있어야 한다.

그래서 청년주택도 일자리와 교통이 유기적으로 연결되는 정책이 필요하다. 출근 동선과 연결되고, 지역 내 기업과 연계된 주거정책을 설계할 것이다.

교육 역시 마찬가지다. 학군에 따라 이사를 반복하는 도시가 아니라 어디에 살든지 특화된 교육 기회를 만날 수 있는 도시가 되어야 한다. 아이들의 재능과 관심에 맞춘 교육 인프라, 지역 대학·연구기관과 연계한 청소년 프로그램, 도시 전체가 하나의 큰 캠퍼스처럼 기능하는 구조를 나는 꿈꾸고 있다.

학군 조정과 특화교육이 결국 부동산 가격이 아니라 아이의 미래를 기준으로 이뤄질 수 있도록 하겠다.

그리고 이 모든 것을 받쳐주는 기반은 교통이다. 행정가 시절부터 나는 버스 노선도를 자주 들여다봤다. 지하철 노선은 비교적 단순하지만 버스는 시민들의 실제 이동 경로를 그대로 보여준다. 지금 고양의 마을버스 체계는 제 역할을 다하지 못하고 있다.

빙 돌아가는 노선, 서로 맞물리지 않는 환승, 시간대에 따라 끊어지는 동선이 항상 반복되는 민원이다.

그래서 나는 감히 버스 혁명이라는 불릴 수 있게 정책을 제안하고자 한다. 버스 노선 하나만 제대로 바꿔도 사람들의 하루가 달라지기 때문이다.

불필요하게 휘어지는 노선은 줄이고, 주요 거점끼리는 직선으로 잇고, 지하철·광역버스·마을버스가 시간을 맞춰 움직이게 만드는 것부터 출발할 계획이다.

퇴근 시간에 집에 30분이라도 빨리 도착할 수 있다면 그 시간은 누군가에게는 아이와 함께 밥을 먹을 수 있는 시간이고, 누군가에게는 병원에 들를 수 있는 여유가 된다.

마지막으로 의료다. 고양은 여러 병원이 있지만 정말로 도시의 건강을 책임질 앵커 병원이 어디냐고 묻는다면 쉽게 답하기 어렵다. 안 치료를 위해, 복합질환 치료를 위해 여전히 서울의 대형병원을 찾아가는 시민이 많다. 나는 이것이 의료 인프라의 문제가 아니라 도시의 자존감과 직결된 사안이라고 생각한다.

"고양에 살면 고양에서 치료받을 수 있다."

이 한 문장을 자신 있게 말할 수 있는 환경을 조성하는 것이 중요하다. 따라서 중증·특화치료를 담당할 수 있는 핵심 병원 유치와 기존 의료기관과의 협력 체계 구축에 적극 나설 것이다. 이것은 고양시민의 건강권을 위해 반드시 해결해야 할 역점 과제이며 공직자로서 강력하게 추진할 책무다.

일자리, 교육, 교통, 의료는 한 시민이 버스를 타고 출근해 일하고, 아이를 학교와 학원에 보내고, 몸이 좋지 않을 때 가까운 병원을 찾는 평범한 하루와 동시에 작동하는 것이다.

시민의 그 하루가 조금 더 편안하고 안정적으로 이어지는 도시, 그것이 내가 그리고 싶은 고양의 미래다.

평화와 산업이 만나는
자족 도시

고양이라는 도시는 참 독특한 위치에 서 있다. 서울과 맞닿아 있으면서도 북쪽으로는 접경지역과 이어지고, 서쪽으로는 한강과, 동쪽으로는 산과 농촌이 함께 있다. 나는 이 지리적 특성이 고양이 미래 산업과 평화 비전을 동시에 품을 수 있는 잠재력이라고 본다.

우리가 익히 알고 있는 프로젝트들이 있다. 일산테크노밸리, K-컬처밸리, 기후테크 산업, 그리고 평화경제특구 구상까지. 이 이름들은 때때로 선거철에만 등장하는 구호처럼 들리기도 한다. 그러나 제대로 설계한다면 고양을 "서울 위성도시"가 아니라 북부 수도권의 핵심 거점으로 만드는 축이 될 수 있다.

나는 특히 R&D 중심의 산업 유치가 중요하다고 생각한다. 과거 제조업 중심의 산업단지는 토지와 인건비의 싸움이었다. 하지만 앞으로의 도시는 연구와 기술, 데이터와 콘텐츠가 움직이는 도시가 되어야 한다. 고양은 이미 방송·영상 인프라, 컨벤션·전시 인프라를 갖고 있다. 여기에 기후테크, 바이오, 디지털콘텐츠 기업들이 연구소와 개발센터를 둘 수 있다면 도시는 전혀 다른 속도로 성장할 수 있다.

평화경제특구 구상 역시 같은 맥락에서 본다. 경의선은 한때 신의주까지 이어지던 철도였다. 지금은 중간에서 끊겨 있지만, 나는 늘 이 선을 '미래의 선'으로 바라본다.

남북관계가 좋아진다면 고양은 그 연결의 관문이 될 수 있다.

물류와 인적 교류, 관광과 산업이 함께 움직이는 평화도시의 코어가 될 수 있다. 어쩌면 지금은 조금 과감한 상상처럼 들릴지 모른다.

하지만 도시의 비전은 현재의 제약을 넘어서는 상상에서 시작된다고 믿는다. 1기·3기 신도시 전략도 이 그림 안에서 다시 보아야 한다. 1기 신도시는 고양의 어제와 오늘을 상징한다면 3기 신도시는 고양의 내일을 보여주는 무대다.

1기의 재정비와 3기의 조성은 서로를 보완하는 구조가 되어야 한다. 낡은 것은 새롭게 손질하고, 새로운 곳에는 미래 산업과 인구를 담아내는 역할을 맡기는 것. 그래서 고양 전체가 앞으로의 세대를 안정적으로 품어낼 수 있는 도시로 재편돼야 한다.

이 과정에서 GTX와 광역철도망, 아레나 시설은 단순한 교통·문화 인프라를 넘어 도시의 얼굴을 바꾸는 기회가 될 것이다. 사람과 자본이 모이는 곳에는 언제나 가능성이 생긴다.

그러나 나는 이 모든 프로젝트를 추진하면서 한 가지 질문을 놓치지 않으려 한다.

"이 사업이 고양 시민의 일상에 어떤 변화를 가져오는가?"

관광객이 잠시 다녀가는 도시가 아니라, 여기서 사는 사람들이 자부심을 느끼는 도시가 되어야 한다.

자족도시란 결국 일하고, 배우고, 즐기고, 쉬는 일이 한 도시 안에서 선순환되는 구조를 말한다. 나는 고양을 그런 도시로 만들고 싶다. 서울과의 거리는 그대로 두되, 서울에 대한 의존도는 낮추는 것, 그래서 언젠가 청년들에게 이렇게 말할 수 있기를 바란다.

서울로 출퇴근하지 않아도, 고양에서 충분히 꿈을 펼칠 수 있다고.

생활 도시의
새로운 표준

나는 고양의 미래를 이야기할 때 반드시 '생활 품질'을 도시 전략의 중심에 놓고 싶다. 이것은 선택이 아니라, 고양이라는 도시가 다음 단계로 도약하기 위한 최소한의 기반이다. 고양의 교육 환경은 오랫동안 도시의 성장 속도를 따라가지 못한 채 뒷걸음질쳤다. 덕양과 일산 사이의 교육 격차, 과밀학급, 지역별 돌봄 공백은 생활 속에서 즉각적으로 체감되는 문제였다. 그래서 교육을 '지출'이 아닌 '투자'라고 바라보는 관점을 분명히 해야 한다고 생각한다.

초·중·고 전체를 아우르는 지역 교육 플랫폼을 만들어 아이들이 사는 동네 안에서 학습, 예술, 디지털 교육을 모두 경험할 수 있는 구조를 만들고, 부모의 경제력이 아이의 기회를 결정하지 않도록 돌봄권을 생활 반경 안에서 보장해야 한다. 특히 일산테크노밸리, 방송영상밸리, K-컬처 산업과 연계한 현장형 진로 프로그램이 그 역할을 할 수 있다. 교육의 격차가 도시의 격차로 이어지지 않도록, 생활권 단위에서 교육 생태계가 촘촘하게 연결되어야 한다.

돌봄 문제는 더욱 절실하다. 공무원 시절부터 나는 현장에서 돌봄이 '선택'이 아니라 도시의 최소 안전망이라는 점을 수없이 경험했다. 부모의 퇴근 시간을 기다리며 해가 지도록 골목에 머무는 아이들, 교대근무로 가족의 일상이 흐트러지는 가정, 발달장애 아이가 갈 곳이 없어 하루 종일 집에서 시간을 보내는 현실. 이런 문제는 교육을 넘어서 지역의 안전, 여성의 경제활동, 공동체의 회복력까지 영향을 미친다.

그래서 나는 방학·저녁·주말까지 이어지는 365 돌봄 도시를 만들고 싶다. 학교와 지자체가 서로의 역할을 겹치지 않게 조율하는 것을 넘어, 하나의 시스템으로 연동되는 구조가 필요하다. 더 나아가 장애·고령 돌봄은 시설 밖으로 나와 동네 안에서 존엄을 지킬 수 있는 방식으로 완전히 새롭게 설계해야 한다. 돌봄 종사자의 감정노동과 안전 문제, 휴게 공간, 교육 체계를 고양시가 책임지는 도시가 되어야 한다고 믿는다.

환경과 녹지는 동네의 품격을 결정하는 가장 직접적인 요소다. 고양의 자연환경은 도시의 큰 자산이지만, 주민이 느끼는 일상의 스트레스는 대부분 동네 단위에서 발생한다. 미세먼지, 도로 소음, 무분별한 개발로 인한 녹지 단절 같은 문제들이 그렇다. 그래서 나는 도시

골목과 산책길을 잇는 녹지 네트워크를 고양 전역에 촘촘히 짜는 일
도 필요하다.

그리고 학교, 주거지, 노후 주택 밀집지역 등 생활권 전반에서 대
기·소음·환경 데이터를 모니터링하여 지역별로 다른 '맞춤형 환경 정
책'을 펼쳐야 한다. 환경정책은 늘 거창하게 들리지만 사실은 사람이
숨 쉬는 공간을 바꾸는 일이 핵심이다. 녹지가 연결되면 몸도 마음도
회복되고, 도시의 정주성도 자연스럽게 강해진다.

고양이 다음 시대의 도시 모델을 맞이한다면 그 기준은 더 깊고 단
단한 생활을 품은 도시여야 한다. 생활 도시 설계의 기준은 언제나 동
네다. 동네의 학교, 동네의 공원, 동네의 돌봄센터, 동네의 버스정류
장, 동네의 산책길, 그리고 동네의 안전. 도시의 크기는 곧잘 화제가
되지만, 도시의 본질은 늘 사람의 하루를 어떻게 바꾸는가에 있다.

사람이 동네에서 행복을 느끼고, 안전을 체감하고, 교육과 돌봄에
서 안심을 누리는 도시. 이런 작은 변화들이 쌓이면 고양의 내일은
전혀 다른 모습으로 서 있을 것이다. 도시의 미래는 멀리 있지 않다.
늘 그렇듯, 우리의 삶이 시작되는 동네에서부터 다시 태어난다.

지속가능한
도시를 위하여

도시는 늘 성장과 멈춤 사이에서 스스로의 방향을 묻는다. 빠르게 짓고 넓게 확장하던 시절이 있었다면, 이제는 다른 질문이 필요하다. '어떤 속도로, 어떤 방식으로, 누구와 함께 미래를 만들어갈 것인가'라는 질문이다. 나는 도시가 지속되기 위해서는 균형과 성장의 리듬이 조화를 이루어야 한다는 사실을 깊이 깨닫게 됐다. 보여주기식 개발은 금세 흥분을 만들지만 오래가지 못하고, 반대로 변화 없는 안정만을 추구하면 도시의 에너지는 서서히 바람 빠지듯 사라진다. 지속가능한 도시는 이 둘 사이의 갈등을 지혜롭게 조율하는 능력에서 탄생한다.

지속가능성은 행정의 유행어가 아니라, 도시가 오래 살아남기 위한 근본적인 조건이다. 나는 도시를 하나의 생명체로 바라본다. 심장은 산업이고, 폐는 환경이며, 신경망은 교통이고, 근육은 시민의 일상이다. 이 중 어느 하나가 과도하게 자라거나, 어느 하나가 뒤처지면 결국 도시라는 몸 전체가 불편해진다. 지속가능한 고양의 미래

는 이 기관들이 서로를 지탱하며 성장하는 균형 있는 도시 구조에서
출발한다.

경제와 환경은 대립할 필요가 없다. 문화와 산업은 경쟁하지 않는
다. 교육과 돌봄은 예산의 부담이 아니라 미래를 떠받치는 기둥이다.
한 영역의 성과가 다른 영역의 기반을 뒤흔들지 않도록 연결하고 통
합하는 능력, 그것이 앞으로의 고양이 가져야 할 핵심 역량이다. 나
는 도시가 진화할 때 가장 두려워해야 할 것이 있다고 생각한다. 바
로 사람이 소외되는 성장이다. 속도만 앞서고 사람의 하루는 나아지
지 않는 도시, 지표는 화려한데 시민의 표정은 어두운 도시, 이러한
불균형은 오래 버티지 못한다.

그래서 지속가능성의 중심에는 언제나 사람이 있어야 한다. 아이가
걷는 길이 안전한 도시, 청년이 지역에서 기회를 발견하는 도시, 부
모 세대가 돌봄과 의료에서 멀어지지 않는 도시, 어르신의 하루가 고
립이 아닌 연결로 이어지는 도시. 이러한 세대별 구조적 안전망이 갖
춰질 때 비로소 도시의 진화는 의미를 얻는다.

지속가능한 고양의 비전은 거창하지 않다. 오히려 단순하고 명쾌하
다. 삶을 지키는 환경, 기회를 만드는 경제, 미래를 준비하는 교육, 사

람을 잇는 교통, 세대를 연결하는 돌봄. 이 다섯 축이 서로를 끊어내지 않고, 서로를 지탱하며, 하나의 흐름으로 유기적으로 이어지는 도시. 나는 그것을 고양의 다음 10년이 향해야 할 방향이라고 믿는다.

나는 이 도시를 오랜 시간 동안 바라보며 일해왔다. 공무원으로서 도시의 뼈대를 가까이에서 만졌고, 도의원으로서 도시의 신경을 가장 깊숙한 곳에서 느꼈다. 그 과정에서 나는 한 가지 확신을 품게 됐다. 고양은 다시 뛰어야 하고, 다시 뛸 수 있는 잠재력을 가진 도시라는 것. 지속가능한 도시라는 말이 더 이상 행정의 문구가 아니라 고양 시민의 일상에서 체감되는 현실이 되기를 바란다. 나는 오늘도 조용히, 그러나 확신을 가지고 내일의 고양을 떠올린다.

다시
길 위에
서다

이 책이 시민 여러분을 만나는 2026년 1월은

저에게는 새로운 시작을 약속하는 계절입니다.

차가운 겨울의 끝자락에서 맞이하는 새해처럼

저는 엄중하고 무거운 책임을 안고 다시 길 위에 섰습니다.

과거의 모든 경험을 자양분 삼아 희망이 실현되는

도시를 향해 멈추지 않고 전진하려 합니다.

저는 공무원으로 일하며 배웠습니다.

행정은 서류가 아니라 사람의 삶을 만지는 일이라는 것을.

그리고 정치인으로 일하면서 깨달았습니다.

정치란 말이 아니라 신뢰를 쌓는 일이라는 것을.

돌아보면 제 삶은 언제나 귀를 기울이는 일이었습니다.

투덜거림 속에 담긴 불편함, 작은 감사 속에 담긴 진심,

그리고 도움을 청하는 조용한 눈빛들.

그 목소리들이 제가 어떤 길 위에 서 있든

저를 계속 멈추지 않게 만드는 유일한 원동력이었습니다.

저의 40년 공직 여정은 단 한 번도 '나'를 위한 길이 아니었고

오직 '시민'을 향한 여정이었습니다.

고양은 지금 중요한 전환점에 서 있습니다.

성장의 방향을 다시 정해야 하고, 도시의 철학을 다시 세워야 하며,

미래 세대에게 어떤 도시를 물려줄지 지금 결단해야 할 때입니다.

행정의 비효율과 정치의 갈등으로 소진되었던 시간을 딛고 이제는

시민의 삶을 풍요롭게 하는 생산적인 시간을 만들어야 합니다.

그래서 저는 다시 길 위에 섰습니다.

행정가로서 배운 효율의 기술과 정치인으로서 얻은 균형의 지혜를

모두 모아 누구의 도시가 아닌 모두의 도시를 만들겠습니다.

가장 낮은 곳의 목소리까지 빛이 닿도록

시민 한 사람 한 사람의 일상에

따뜻한 변화와 새로운 봄을 건네는 리더가 되겠습니다.

이 책의 마지막 장이 닫히는 순간이

고양의 미래를 향한 새로운 출발점이 되기를 바랍니다.

사람 중심의 도시, 고양을 향해

오늘 저는 그 희망의 첫걸음을 내딛습니다.

부록

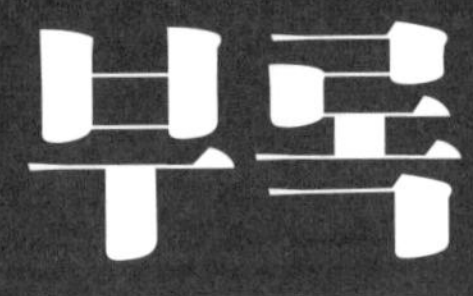

명재성 의원
대표발의 조례안

경기도 옥외광고물 등의 관리와 옥외광고산업 진흥에 관한 조례 일부개정조례안

(명재성 의원 대표발의)

의안 번호	202

발의연월일 : 2022년 11월 30일

발 의 자 : 명재성 · 유영일 · 김태형 · 성기황
이영희 · 김용성 · 이선구 · 유호준
임창휘 · 박명수 · 백현종 · 이택수
김상곤 · 김성수(하남2) 의원(14명)

1. 개정이유

○ 공동주택 외벽의 명칭 및 동 표시에 관한 규정을 신설('20. 5. 19.) 하면서 조례 시행 전 설치된 공동주택도 조례를 공포한 날부터 3년 이내에 허가를 받거나 신고를 하도록 소급적용례를 정하도록 한 규정으로 인한 도민의 불편과 혼란을 해소하고자 함

○ 혼란의 우려가 있는 용어의 일부를 정리하는 등 현행 조례 운용상의 미비점을 보완하고자 함

2. 주요내용

가. 종합병원 외에 일반병원 각 건물에도 간판을 표시할 수 있도록 함(안 제2조제1항제4호가목)

나. 공동주택 외벽의 명칭 표시에 대한 용어 정비를 반영함(안 제2
조제2항제7호, 제8조제1항제5호, 제8조제1항제5호가목, 나목,
마목)

다. 공동주택 벽면 이용 간판의 적용례를 규정 신설 후 공동주택에
설치하는 간판에 대해서만 적용하도록 함(안 부칙 제2조)

경기도 옥외광고물 등의 관리와 옥외광고산업 진흥에 관한 조례 일부개정조례안

경기도 옥외광고물 등의 관리와 옥외광고산업 진흥에 관한 조례 일부를 다음과 같이 개정한다.

제2조제1항제4호가목 중 "종합병원"을 "병원급 의료기관"으로 하고, 같은 조 제2항제7호 중 "명칭 또는 동 표시"를 "주명칭 및 보조명칭(동 표시 및 상징형 도안을 표시한다. 이하 같다) 건물당 1개"로 한다.

제8조제1항제5호 각 목 외의 부분 중 "공동주택의 명칭 및 동 표시를"을 "주명칭 및 보조명칭을"로 하고, 같은 호 가목 중 "명칭 표시는"을 "주명칭은"으로 하며, 같은 호 나목 중 "명칭의 보조표시 및 동 표시는"을 "보조명칭은"으로 하고, 같은 호 마목 중 "명칭 표시 및 동 표시"를 "주명칭 및 보조명칭"으로 한다.

조례 제6618호 경기도 옥외광고물 등의 관리와 옥외광고산업 진흥에 관한 조례 일부개정조례 부칙 제2조를 다음과 같이 한다.

제2조(공동주택 벽면 이용 간판의 적용례) 제8조제1항제5호는 2020년 5월 19일 이후 표시·설치하는 벽면 이용 간판의 경우부터 적용한다.

부 칙

이 조례는 공포한 날부터 시행한다.

신·구조문 대비표

현 행	개 정 안
제2조(간판의 총수량) ① 「옥외광고물 등의 관리와 옥외광고산업 진흥에 관한 법률 시행령」(이하 "영"이라 한다) 제12조제8항에 따라 하나의 업소에서 표시할 수 있는 간판의 총수량은 다음 각 호와 같다.	**제2조(간판의 총수량)** ① ━━━━━━ ━━━━━━━━━━━━━━━ ━━━━━━━━━━━━━━━ ━━━━━━━━━━━━━━━ ━━━━━━━━━━━━━━━ ━━━━━━━━━━.
1. ~ 3. (생 략)	1. ~ 3. (현행과 같음)
4. 제1호부터 제3호까지 규정에도 불구하고 다음 각 목의 어느 하나에 해당하는 업소가 2개 이상의 건물을 사용하는 경우에는 각 건물을 하나의 업소로 보아 간판의 총수량을 각각 산정할 수 있다.	4. ━━━━━━━━━━━━━━ ━━━━━━━━━━━━━━━ ━━━━━━━━━━━━━━━ ━━━━━━━━━━━━━━━ ━━━━━━━━━━━━━━━ ━━━━━━━━━━.
가. 「의료법」에 따른 <u>종합병원</u>	가. ━━━━━━━━ <u>병원급 의료기관</u>
나·다. (생 략)	나·다. (현행과 같음)
② 제1항에 따라 하나의 업소에서 표시할 수 있는 간판의 총수량을 산정할 때 다음 각 호의 어느 하나에 해당하는 간판은 총수량의 산정에서 제외한다.	② ━━━━━━━━━━━━━━━ ━━━━━━━━━━━━━━━ ━━━━━━━━━━━━━━━ ━━━━━━━━━━━━━━━ ━━━.
1. ~ 6. (생 략)	1. ~ 6. (현행과 같음)

현 행	개 정 안
7.「건축법 시행령」별표 1에 따른 공동주택, 의료시설, 교육연구시설, 공장 등의 안내를 위한 자기건물의 <u>명칭 또는 동 표시</u>	7. ──────────────── ──────────────── ──────────────── ─── <u>주명칭 및 보조명칭</u>(동 표시 및 상징형 도안을 표시한다. 이하 같다) 건물당 1개
8. (생 략)	8. (현행과 같음)
제8조(벽면 이용 간판의 표시방법) ① 영 제20조제2항에 따른 벽면 이용 간판(이하 이 조에서 "간판"이라 한다)은 다음 각 호의 기준에 따라 표시하여야 한다.	**제8조(벽면 이용 간판의 표시방법)** ① ──────────────── ──────────────── ──────────────── ───────────────.
1. ～ 4. (생 략)	1. ～ 4. (현행과 같음)
5. 제1호부터 제4호까지의 규정에도 불구하고「건축법 시행령」별표 1에 따른 공동주택의 경우에는 외벽에 <u>공동주택의 명칭 및 동 표시</u>를 다음과 같이 표시할 수 있다.	5. ──────────────── ──────────────── ──────────────── ── <u>주명칭 및 보조명칭을</u> ───── ───────────────.
가. <u>명칭 표시</u>는 세로 2.4미터 이내, 가로는 당해 벽면 가로폭의 3분의 2 이내	가. <u>주명칭은</u> ─────────── ──────────────── ────────
나. <u>명칭의 부조표시 및 동 표시</u>는 세로 2.0미터 이내, 가로는 당해 벽면 가로폭의 2분의 1 이내	나. <u>보조명칭은</u> ─────────── ──────────────── ────────────────
다.·라. (생 략)	다.·라. (현행과 같음)

현 행	개 정 안
마. 가목 및 나목에도 불구하고 명칭 표시 및 동 표시의 세로를 더 길게 표시하는 등 다른 방법의 표시가 필요한 경우에는 시·군 심의위원회 심의를 거쳐 따로 정할 수 있다.	마. ------------------- 주<u>명칭 및 보조명칭</u>--.
② ~ ⑥ (생 략)	② ~ ⑥ (현행과 같음)
부 칙 〈2020.05.19.〉 **제2조(공동주택 벽면 이용 간판의 적용례)** 제8조제1항제5호는 이 조례 시행 후 최초로 건축허가 또는 사업계획승인을 신청한 공동주택부터 시행한다. 다만, 이 조례가 시행되기 전에 설치된 「건축법 시행령」 별표 1에 따른 공동주택의 외벽에 표시된 명칭 및 동 표시는 이 조례를 공포한 날부터 3년 이내에 허가를 받거나 신고를 하여야 한다.	부 칙 〈2020.05.19.〉 **제2조(공동주택 벽면 이용 간판의 적용례)** 제8조제1항제5호는 <u>2020년 5월 19일 이후 표시·설치하는 벽면 이용 간판의 경우부터 적용한다.</u>

경기도 환경교육 활성화 및 지원 조례
일부개정조례안

(명재성 의원 대표발의)

<table>
<tr><td>의안
번호</td><td>336</td></tr>
</table>

발의연월일 : 2023년 3월 3일

발 의 자 : 명재성 · 박명수 · 김상곤 · 성기황
유영일 · 임창휘 · 김태형 · 유호준
이영희 · 이선구 · 김성수(하남2)
백현종 · 김용성 의원(13명)

1. 제안이유

○ 유아기부터 환경에 대한 관심을 가지고 관련 지식과 가치관 등을
키울 수 있도록 어린이집에서도 유치원과 동일한 수준의 환경교
육을 실시해야 한다는 필요성이 대두됨에 따라 환경교육의 지원
대상에 어린이집을 추가하기 위한 것임

2. 주요내용

가. 도지사는 「영유아보육법」 제2조에 따른 어린이집에서의 환경교
육을 지원할 수 있음(안 제11조제2항 신설)

나. 사회환경교육 활성화를 위하여 어린이집에서의 환경교육에 관한
사업을 포함함(안 제12조)

다. 사회환경교육기관의 업무에 어린이집에서의 시행하는 환경교육
의 지원을 포함함(안 제15조)

라. 경기도 환경교육센터의 사업에 어린이집에서 시행하는 환경교육
의 지원 및 조정에 관한 업무를 포함함(안 제17조)

경기도 환경교육 활성화 및 지원 조례
일부개정조례안

경기도 환경교육 활성화 및 지원 조례 일부를 다음과 같이 개정한다.

제11조의 제목 "(학교환경교육의 지원)"을 "(학교 등에서의 환경교육 지원)"으로 하고, 같은 조 제목 외의 부분을 제1항으로 하며, 같은 조에 제2항을 다음과 같이 신설한다.

② 도지사는 「영유아보육법」 제2조에 따른 어린이집에서의 환경교육을 지원할 수 있다.

제12조제2호 중 "사회·종교 단체"를 "사회·종교단체, 어린이집"으로 한다.

제15조제3호 중 "사회·종교 단체"를 "사회·종교단체, 어린이집"으로 한다.

제17조제7호 중 "사회·종교 단체"를 "사회·종교단체, 어린이집"으

로 한다.

부 칙

이 조례는 공포한 날부터 시행한다.

신·구조문 대비표

현　행	개 정 안
제11조(학교환경교육의 지원) 도지사는 학교환경교육의 활성화를 위하여 다음 각 호의 사항을 교육감과 협의하여 지원할 수 있다. 1. 「유아교육법」 제2조에 따른 유치원의 환경교육 2. 「초·중등교육법」 제2조에 따른 학교의 환경교육 3. 「고등교육법」 제2조에 따른 학교의 환경교육 4. 경기도교육청 환경교육센터의 설립·운영 5. 환경교육 담당 교원의 연수 및 연구활동 6. 학교환경교육 교재와 프로그램의 개발 및 보급 7. 체험 및 현장 환경교육의 활성화 8. 환경교육 시범학교의 운영 9. 학교 환경동아리 활동 지원 10. 그 밖에 학교환경교육의 활성화를 위하여 필요한 사항	**제11조(학교 등에서의 환경교육 지원)** ① (현행 제목 외의 부분과 같음)
〈신　설〉	② 도지사는 「영유아보육법」 제2조에 따른 어린이집에서의 환경교육을 지원할 수 있다.

현 행	개 정 안
제12조(사회환경교육의 활성화) 도지사는 사회환경교육의 활성화를 위하여 다음 각 호의 사업을 추진하여야 한다.	**제12조(사회환경교육의 활성화)** ------------------------------------.
1. (생 략)	1. (현행과 같음)
2. 공공기관, 군부대, 기업, <u>사회 · 종교 단체</u> 등에서의 사회환경교육	2. -------------- <u>사회 · 종교 단체, 어린이집</u> ---------
3. ~ 6. (생 략)	3. ~ 6. (현행과 같음)
제15조(사회환경교육기관의 지정 및 업무) 도지사가 법 제15조제1항에 따라 지정한 사회환경교육기관은 다음 각 호의 업무를 수행한다.	**제15조(사회환경교육기관의 지정 및 업무)** --------------------------------.
1. · 2. (생 략)	1. · 2. (현행과 같음)
3. 공공기관, 군부대, 기업, <u>사회 · 종교 단체</u>, 학교, 시 · 군 등에서 시행하는 환경교육의 지원	3. -------------- <u>사회 · 종교 단체, 어린이집</u>--------------
제17조(경기도 환경교육센터의 지정) 도지사는 환경교육 활성화를 위한 다음 각 호의 사업을 수행하기 위하여 법 제25조에 따라 경기도 환경교육센터를 지정할 수 있다.	**제17조(경기도 환경교육센터의 지정)** ----------------------------------.
1. ~ 6. (생 략)	1. ~ 6. (현행과 같음)
7. 공공기관, 군부대, 기업, <u>사회 · 종교 단체</u>, 학교, 시 · 군 등에서 시행하는 환경교육의 지원 및 조정	7. -------------- <u>사회 · 종교 단체, 어린이집</u>--------------
8.·9. (생 략)	8.·9. (현행과 같음)

경기도 옥외광고물 등의 관리와 옥외광고산업 진흥에 관한 조례 일부개정조례안

(명재성 의원 대표발의)

<table>
<tr><td>의안
번호</td><td>786</td></tr>
</table>

발의연월일 : 2023년 10월 27일

발 의 자 : 명재성 · 유영일 · 김용성 · 김태형
성기황 · 김상곤 · 이선구 · 이영희
황대호 · 정승현 · 이동현 · 김철진
이인규 · 조미자 · 김옥순 · 김창식
이기환 · 김동희 · 장대석 · 김판수
이채명 의원(21명)

1. 제안이유

○ 광고물·입간판의 표시제한 및 설치기준을 완화하여 기설치된 광고물의 현실화를 유도하고 간판의 표시방법 및 대상의 확대 등을 통해 옥외광고물의 광고효과 제고 및 관리의 효율성을 도모하기 위함

2. 주요내용

가. 광고물등의 바탕색은 적색류 또는 흑색류의 색깔 사용을 제한하도록 한 규정을 삭제함(안 제3조제1항제2호)

나. 전자게시대를 설치할 수 있는 지역에 「전통시장 및 상점가 육성을 위한 특별법」 개정에 따라 골목형상점가를 포함함(안 제6조제

4항제1호나목)

다. 벽면 이용 간판의 설치기준을 현행 5층 이하 건물에서 7층 이하
의 건물로 설치범위를 확대함(안 제8조제1항제2호)

라. 「건축법 시행령」 별표1에 따른 의료시설, 교육연구시설, 공장 등
에도 주명칭 및 보조명칭 표시방법을 명시할 수 있도록 함(안 제8
조제1항제5호)

마. 벽면 이용 간판의 설치는 간판이 표시되지 않은 벽면에만 간판을 추
가적으로 설치할 수 있도록 한 규정을 완화함(안 제8조제2항제2호)

바. 입간판의 표시기준을 현실과 부합되도록 완화함(안 제11조제1항
제3호)

사. 광고물등의 표시방법을 강화할 수 있는 사항에 표시기간을 포함
함(안 제21조제2항제3호)

경기도 옥외광고물 등의 관리와 옥외광고산업 진흥에 관한 조례 일부개정조례안

경기도 옥외광고물 등의 관리와 옥외광고산업 진흥에 관한 조례 일부를 다음과 같이 개정한다.

제3조제1항제2호를 삭제하고, 같은 항 제3호를 제2호로 한다.

제5조제3항 중 "「항공법」 제83조제4항 및 같은 조 제5항"을 "「공항시설법」제36조"로 한다.

제6조제4항제1호나목 중 "전통시장과"를 "전통시장 및 골목형상점가와"로 한다.

제8조제1항제2호 본문 중 "5층"을 "7층"으로 하고, 같은 항 제5호 각 목 외의 부분 중 "공동주택"을 "공동주택, 의료시설, 교육연구시설, 공장 등"으로 하며, 같은 조 제2항제2호 각 목 외의 부분 중 "제1항에 따른 간판이 표시되지 아니한 벽면으로서 다음"을 "다음"으로 한다.

제11조제1항제3호 중 "1.2미터"를 "2미터"로, "0.6제곱미터"를 "1.2제곱미터"로, "1.2제곱미터"를 "2.4제곱미터"로 한다.

제21조제2항제3호 중 "표시위치·장소"를 "표시위치·장소, 표시기간"으로 한다.

부 칙

이 조례는 공포한 날부터 시행한다.

신·구조문 대비표

현 행	개 정 안
제3조(광고물등의 일반적 표시방법) ① 영 제12조제9항에 따른 옥외광고물 또는 게시시설(이하 "광고물등"이라 한다)의 일반적인 표시방법 외에 추가적인 표시방법은 다음 각 호의 기준에 따라야 한다.	**제3조(광고물등의 일반적 표시방법)** ① ――.
1. (생 략)	1. (현행과 같음)
2. 광고물등의 바탕색은 적색류 또는 흑색류의 색깔 사용을 2분의 1이내로 하여야 한다. 다만, 1면의 면적이 3제곱미터 이하이거나, 시·군 심의위원회 심의를 거친 광고물 등은 제외한다.	〈삭 제〉
3. (생 략)	2. (현행 제3호와 같음)
② (생 략)	② (현행과 같음)
3. ~ 6. (생 략)	3. ~ 6. (현행과 같음)
제5조(옥상간판의 표시방법) ①·② (생 략)	**제5조(옥상간판의 표시방법)** ①·② (현행과 같음)

현 행	개 정 안
③ 간판의 윗부분 높이가 지표면(고저차가 있는 경우에는 가장 낮은 부분으로 한다)으로부터 60미터 이상에 별도의 게시시설을 설치하여 표시하는 경우에는 「항공법」 제83조제4항 및 같은 조 제5항에 따라 항공장애 표시 등 및 표지를 설치·관리하여야 한다.	③ ----------------------------------- ----------------------------------- ----------------------------------- ----------------------------------- ---------- 공항시설법」 제36조----------------------------------- ----------------------------------- -------.
④·⑤ (생 략)	④·⑤ (현행과 같음)
제6조(지주 이용 간판의 표시방법) ① ~ ③ (생 략)	**제6조(지주 이용 간판의 표시방법)** ① ~ ③ (현행과 같음)
④ 영 제16조제5항에 따른 전자게시대는 다음 각 호의 기준에 따라 설치·운영하여야 한다.	④ ----------------------------------- ----------------------------------- -----------.
1. 영 제16조제5항제1호다목에 따른 전자게시대를 설치할 수 있는 지역은 다음과 같다.	1. ----------------------------------- ----------------------------------- ----------.
가. (생 략)	가. (현행과 같음)
나. 「전통시장 및 상점가 육성을 위한 특별법」에 따른 전통시장과 그 경계선으로부터 500미터 이내의 지역	나. ----------------------------------- ------------- 전통시장----------------------------------- ----------
다. (생 략)	다. (현행과 같음)
2. ~ 5. (생 략)	2. ~ 5. (현행과 같음)

현 행	개 정 안
제8조(벽면 이용 간판의 표시방법) ① 영 제20조제2항에 따른 벽면 이용 간판(이하 이 조에서 "간판"이라 한다)은 다음 각 호의 기준에 따라 표시하여야 한다.	**제8조(벽면 이용 간판의 표시방법)** ① --.
1. (생 략)	1. (현행과 같음)
2. 건물의 <u>5층</u> 이하의 도로에 접한 벽면에 판류형(문자·도형 등이 표시된 판을 건물의 벽면에 부착하는 것을 말한다. 이하 같다) 또는 입체형(문자·도형 등을 건물의 벽면에 직접 부착하는 것을 말한다. 이하 같다)으로 표시할 수 있다. 다만, 4층 이상에는 입체형으로만 표시하여야 한다.	2. ---- <u>7층</u> ---.
3.·4. (생 략)	3.·4. (현행과 같음)
5. 제1호부터 제4호까지의 규정에도 불구하고 「건축법 시행령」 별표1 에 따른 <u>공동주택</u>의 경우에는 외벽에 주명칭 및 보조명칭을 다음과 같이 표시할 수 있다.	5. ---------------------------------- ---- <u>공동주딕, 의료시설, 교육연구시설, 공장 등</u>-------------------------,
가. ~ 마. (생 략)	가. ~ 마. (현행과 같음)
② 제1항제2호에도 불구하고 다음 각 호의 간판을 표시할 수 있다.	② --.
1. (생 략)	1. (현행과 같음)

현 행	개 정 안
2. 제1항에 따른 간판이 표시되지 아니한 벽면으로서 다음 각 목의 기준을 준수하여 설치하는 하나의 간판을 표시할 수 있다.	2. 다음 --.
가.·나. (생 략)	가.·나. (현행과 같음)
3. (생 략)	3. (현행과 같음)
③ ~ ⑥ (생 략)	③ ~ ⑥ (현행과 같음)
제11조(입간판의 표시방법) ① 영 제20조에 따라 건물의 부지 안에 설치하는 입간판(이하 이 조에서 "간판"이라 한다)은 다음 각 호의 기준에 따라 표시하여야 한다.	**제11조(입간판의 표시방법)** ① --.
1.·2. (생 략)	1.·2. (현행과 같음)
3. 간판의 윗부분까지의 높이는 지면 으로부터 1.2미터 이하, 1면의 면적은 0.6제곱미터 이하, 간판의 합계면적은 1.2제곱미터 이하여야 한다.	3. ------------------------------- 1.2미터 ----------- 0.6제곱미터 ------------------ 1.2제곱미터 ----------.
4.·5. (생 략)	4.·5. (현행과 같음)
②·③ (생 략)	②·③ (현행과 같음)
제21조(표시방법의 강화) ① (생 략)	**제21조(표시방법의 강화)** ① (현행과 같음)
② 제1항에 따라 지정된 특정구역 안에서 광고물등의 표시방법을 강화할 수 있는 사항은 다음 각 호와 같다.	② --.

현　행	개　정　안
1.·2. (생 략)	1.·2. (현행과 같음)
3. 광고물등의 <u>표시위치·장소</u>	3. ------ <u>표시위치 · 장소, 표시기간</u>
4. (생 략)	4. (현행과 같음)
③·④ (생 략)	③·④ (현행과 같음)

경기도 개발제한구역 보전부담금 자율권 확보를 위한

「개발제한구역의 지정 및 관리에 관한 특별조치법」 및 동법 시행령 개정 촉구 건의안

(명재성 의원 대표발의)

<table>
<tr><td>의안
번호</td><td>859</td></tr>
</table>

발의연월일 : 2023년 12월 6일

발 의 자 : 명재성 · 백현종 · 문병근 · 김상곤
김용성 · 성기황 · 김태형 · 유영두
유영일 · 임창휘 의원(10명)

1. 주 문

○ 경기도의회는 개발제한구역의 체계적인 보전과 관리에 힘쓰고 개발제한구역에 거주하는 주민의 생활환경 개선을 위한 자율권 확보를 위하여 「개발제한구역의 지정 및 관리에 관한 특별조치법」 및 동법 시행령 개정을 건의함

2. 제안이유

○ 최근 5년간('18~'22) 경기도의 개발제한구역 보전부담금 징수액은 3천91억 원으로 전체 징수액 대비 38%를 차지하는 데 반해 개발제한구역의 주민지원을 위하여 2천322억 원을 요구하였지만 지원받은 금액은 1천233억 원으로 징수액 대비 39%에 불과함

○ 불균형과 역차별의 원인은 개발제한구역의 보전과 관리를 위해 써야 할 재원이 전액 지역균형발전특별회계로 귀속되어 중앙정부에서 일괄적으로 전국에 배분하는 데 있음

○ 개발제한구역 보전부담금의 합리적인 교부제도 개선을 위하여 개발제한구역에서 징수된 보전부담금의 50%를 시·도의 특별회계로 귀속하여 지역 여건에 적합한 주민지원사업을 발굴·지원 및 관리하기 위해 지자체의 자율집행권 확보가 필요함

○ 개발제한구역 보전부담금은 시·군에 위임된 다른 부담금과 비교하여 업무절차가 동일하나 업무 난이도가 높음에도 현저히 낮은 수수료를 지급하고 있음. 현행 개발제한구역 보전부담금 수수료가 1~3%에 불과한 실정으로 시·군의 업무의욕 고취를 위하여 합리적인 징수위임수수료(10%) 상향이 필요함

○ 오랜기간 토지이용 제한 등 재산권 행사에 많은 제약을 받고있는 개발제한구역 거주민들의 생활편익과 복지증진을 위하여 개발제한구역 내에 설치되는 공공시설의 경우 보전부담금을 면제하도록 건의함

3. 건의안 : 덧붙임

4. 이송기관 : 국회 국토교통위원회 · 기획재정위원회 ·
행정안전위원회, 기획재정부, 국토교통부, 경기도 도시주택실

경기도 개발제한구역 보전부담금 자율권 확보를 위한
「개발제한구역의 지정 및 관리에 관한 특별조치법」 및 동법 시행령 개정 촉구 건의안

최근 정부는 3기 신도시 등 24곳의 개발사업으로 약 34㎢ 면적의 개발제한구역을 해제하였다. 경기도에 지정된 개발제한구역은 수도권 시민의 주택공급을 위한 저렴한 개발가용지로 전락함으로써 본래의 목적을 상실하고 있다. 오랫동안 개발제한구역 지정으로 인하여 주민 생활환경의 상대적 낙후와 각종 생활불편을 초래함에도 불구하고 거주민에 대한 적정한 보상과 지원이 이행되지 않고 있다.

정부 발표에 따르면 5년간(2018년~2022년) 경기도의 개발제한구역 보전부담금은 3천91억 원으로 전체 징수액 대비 38%를 차지하고 있다. 경기도가 개발제한구역의 주민지원을 위하여 2천322억 원을 요구하였지만 실제로 지원받은 예산은 1천233억 원으로 징수액 대비 39%에 불과했다. 이러한 불균형과 역차별의 원인은 개발제한구역의 보전과 관리를 위해 써야 할 재원이 지역균형발전특별회계에 귀속되어 중앙정부에서 일괄적으로 전국에 배분하기 때문에 발생하는 것이다.

개발제한구역에 거주하는 주민들은 오랜 규제로 인하여 생활환경이 낙후되고 열악한 인프라 속에서 살고 있다. 개발제한구역에서 개발에 따른 보전과 주민지원을 목적으로 징수한 재원을 다른 지역에 다른 목적으로 사용하는 것을 지양해야 하며, 해당지역의 보전과 관리에 당연히 사용되어야 한다. 개발제한구역 보전부담금을 많이 징수한다는 것은 개발로 인한 훼손의 우려가 매우 큰 지역이란 의미로서 지역 여건에 적합한 주민지원사업과 현실성 있는 개발제한구역의 보전과 관리를 위해서 개선이 시급하다.

이에 경기도의회와 1,400만 경기도민은 지속가능한 녹지보전과 합리적인 주민지원을 위하여 다음과 같이 건의한다.

하나, 개발제한구역에서 징수된 보전부담금의 50%를 시·도의 특별회계로 귀속하여 지역 여건에 적합한 주민지원사업을 발굴·지원하고 개발제한구역에 대한 합리적인 녹지보전을 할 수 있도록 「개발제한구역의 지정 및 관리에 관한 특별조치법」을 즉각 개정하라

하나, 개발제한구역 보전부담금 부과·징수의 시·군 징수위임 수수료를 현행 징수액의 100분의 1 또는 100분의 3을 100분의 10으로 인상하여 시·군에서 적극적으로 개발제한구역 업무를 집행할 수 있

도록 「개발제한구역의 지정 및 관리에 관한 특별조치법 시행령」을 즉각 개정하라

하나, 개발제한구역 내의 주민을 위해 설치하는 공공시설의 개발제한구역 보전부담금을 즉각 철폐하여 주민들의 생활환경 개선에 적극 동참하라

2023. 12.

경기도의회 의원 일동

붙임1 개발제한구역법 개정안

현 행	개 정 안
제26조(부담금의 귀속 및 용도) ① 징수된 <u>부담금</u>은 「지방자치분권 및 지역균형발전에 관한 특별법」에 따른 지역균형발전특별회계에 귀속된다.	**제26조(부담금의 귀속 및 용도)** ---- -- <u>부담금의 100분의 50</u>------- ------------------------------- ------------------------.
〈신 설〉	② 징수된 부담금의 나머지 100분의 50은 제26조제1항에 따라 부담금을 징수한 시·도에 설치된 개발제한구역특별회계에 귀속한다.
② (생 략)	③ (현행 제2항과 같음)

붙임2 개발제한구역법 시행령 개정안

현 행	개 정 안
제40조(권한의 위임) ①~⑦(생 략)	**제40조(권한의 위임)** ①~⑦ (현행과 같음)
⑧ 국토교통부장관은 법 제29조제2항에 따라 위임 수수료를 지급하는 경우 제7항에 따라 제출된 부담금의 부과·징수 실적과 납입·물납 실적을 근거로 하여 납입금액(시장·군수·구청장이 제5항에 따라 한국은행 또는 체신관서에 납입한 금액과 물납받은 토지의 가액을 말한다)의 일부를 다음 각 호의 구분에 따라 시장·군수·구청장에게 지급해야 한다.	⑧ --.
1. 법 제21조제1항제1호에 따른 부담금: 징수금액의 100분의 1을 다음 회계연도 1분기 말까지 지급	1. 법 제21조제1항제1호에 따른 부담금: 징수금액의 100분의 10을 다음 회계연도 1분기 말까지 지급
2. 법 제21조제1항제2호에 따른 부담금: 징수금액의 100분의 3을 분기별로 해당 분기가 끝난 다음 달 15일까지 지급	2. 법 제21조제1항제2호에 따른 부담금: 징수금액의 100분의 10을 분기별로 해당 분기가 끝난 다음 달 15일까지 지급

경기도 환경피해로 인한
갈등 예방 및 조정 조례안

(명재성 의원 대표발의)

<table>
<tr><td>의안
번호</td><td>1062</td></tr>
</table>

발의연월일 : 2024년 4월 5일

발 의 자 : 명재성 · 유영일 · 김용성 · 김상곤
성기황 · 최　민 · 이택수 · 유영두
김태형 · 장대석 · 고은정 · 조미자
이경혜 · 이병숙 · 김창식 · 김철진
이인규 · 이선구 · 박세원 의원(19명)

1. 제안이유

○ 환경피해로 인한 갈등을 예방하고 원만하게 해결하기 위한 제도
적 절차를 마련하여 갈등으로 인한 사회적 · 경제적 손실을 최소
화하고, 지역통합 및 경기도민의 환경권 보호에 이바지함을 목적
으로 한다.

2. 주요내용

가. 조례의 목적과 정의, 적용범위를 정함(안 제1조부터 제3조)

나. 환경피해로 인한 갈등의 예방과 조정을 위한 도지사의 책무를 정
함(안 제4조)

다. 환경피해로 인한 갈등을 예방하기 위한 갈등관리계획 수립 및 갈

등영향분석을 실시함(안 제6조 및 제7조)

라. 환경피해 갈등관리위원회 설치 및 운영에 관한 사항을 정함(안 제8조부터 제11조까지)

마. 분야별 갈등해결을 위한 갈등조정실무협의회 구성 및 운영에 관한 사항을 정함(안 제12조)

바. 갈등조정의 신청 절차 및 합의결과문 작성 및 이행에 관한 사항을 정함(안 제13조 및 제14조)

사. 위원회와 협의회 위원 및 전문가등의 비밀유지의무와 수당지급의 근거를 마련함(안 제15조부터 제17조까지)

아. 환경피해 갈등예방 및 해결을 위해 도민을 대상으로 교육·홍보에 관한 사항을 정함(안 제18조)

자. 전담조직 설치에 관한 사항을 정함(안 제19조)

경기도 환경피해로 인한
갈등 예방 및 조정 조례안

제1조(목적) 이 조례는 환경피해로 인한 갈등을 예방하고 원만하게 해결하기 위한 제도적 절차를 마련하여 갈등으로 인한 사회적·경제적 손실을 최소화하고 지역통합 및 경기도민의 환경권 보호에 이바지함을 목적으로 한다.

제2조(정의) 이 조례에서 사용하는 용어의 뜻은 다음과 같다.

1. "환경피해"란 공공정책, 기업의 사업활동, 그 밖에 사람의 활동에 의하여 발생하였거나 발생이 예상되는 대기오염, 수질오염, 토양오염, 소음·진동, 악취, 폐기물 등으로 인한 건강상·재산상·정신상의 피해를 말한다.

2. "공공정책"이란 국가 및 지방자치단체가 수립하거나 추진하는 정책 또는 사업계획을 말한다.

3. "갈등"이란 제1호에 따른 환경피해로 인하여 경기도민과 환경피해 원인 제공자 등 다수의 이해당사자 간의 충돌을 말한다.

4. "갈등관리"란 갈등을 예방하고 조정·해결하기 위하여 수행하는 모든 활동을 말한다.

제3조(적용범위) 이 조례는 경기도(이하 "도"라 한다) 내에서 발생이 예상되거나 발생한 환경피해로 인하여 국가, 지방자치단체, 경기도민, 단체 등(이하 "이해당사자 등"이라 한다) 간에 발생한 갈등에 대하여 다음 각 호의 경우에 적용한다.

1. 이해당사자 등이 2개 이상의 시·군에 해당하는 경우 해당 시·군이 모두 갈등 조정 지원을 요청하는 경우
2. 경기도민(이하 "도민"이라 한다)들 간의 갈등이 발생한 경우 해당 시·군이 갈등 조정 지원을 요청하는 경우
3. 국가, 경기도 이외의 지방자치단체가 추진하는 공공정책으로 발생한 환경피해로 인하여 도 내의 해당 시·군이 갈등 조정 지원을 요청한 경우

제4조(도지사의 책무) 경기도지사(이하 "도지사"라 한다)는 환경피해로 인한 등의 예방 및 조정을 위한 종합적인 시책을 수립·시행하여야 한다.

제5조(다른 조례와의 관계) 환경피해로 인한 갈등의 예방 및 조정에 관하여 다른 조례에 특별한 규정이 있는 경우를 제외하고는 이 조례가 정하는 바에 따른다.

제6조(환경피해 갈등관리계획) ① 도지사는 환경피해로 인한 갈등의 예방 및 조정을 위하여 경기도 환경피해 갈등관리계획(이하 "갈등관리계획"이라 한다)을 수립·시행하여야 한다.

② 제1항의 갈등관리계획에는 다음 각호의 사항이 포함되어야 한다.

1. 갈등관리의 정책목표 및 기본방향

2. 갈등영향분석 실시에 관한 사항

3. 경기도 환경피해 갈등관리위원회 및 환경피해 갈등조정실무 협의회 운영 등에 관한 사항

4. 갈등조정 사례분석 및 갈등 조정성과에 관한 사항

5. 그 밖에 환경피해로 인한 갈등관리를 위하여 도지사가 필요하다고 인정하는 사항

제7조(갈등영향분석 실시) ① 도지사는 환경피해로 인한 갈등 및 이해 상충으로 인하여 과도한 사회적·경제적 비용이 발생할 우려가 있다고 판단되는 경우에는 갈등영향분석을 실시할 수 있다.

② 제1항에 따른 갈등영향분석은 전문기관이나 단체 등에 위탁하여 추진할 수 있다.

③ 제1항에 따른 갈등영향분석서에는 갈등발생 유형, 사회적 영향과 파급효과, 갈등의 예방 및 조정을 위한 구체적인 계획 등을

포함하여야 한다.

제8조(환경피해 갈등관리위원회 설치 및 기능) ① 도지사는 환경피해로 인한 이해당사자 등의 갈등예방 및 조정을 위하여 경기도 환경피해 갈등관리위원회(이하 "위원회"라 한다)를 설치할 수 있다.

② 위원회는 다음 각호의 사항을 심의·자문한다.

1. 제6조에 따른 환경피해 갈등관리계획의 수립·추진

4. 제7조에 따른 환경피해 갈등영향분석 실시 여부

5. 제12조에 따른 환경피해 갈등조정실무협의회 구성·운영

2. 제13조에 따른 환경피해 갈등조정 지원 요청에 대한 수용 여부

3. 환경피해 갈등관리 관련 자치법규의 정비

6. 그 밖에 환경피해로 인한 갈등관리를 위하여 도지사가 필요하다고 인정하는 사항

제9조(환경피해 갈등관리위원회 구성·운영) ① 위원회는 위원장을 포함하여 15명 이내로 구성하며, 당연직 위원은 기후환경에너지국장이 되고, 위촉직위원은 다음 각 호의 어느 하나에 해당하는 사람 중에서 도지사가 위촉한다. 다만, 위촉직 위원 중 특정 성이 100분의 60을 초과하지 않도록 하여야 한다.

1. 경기도의회가 추천하는 도의원

2. 환경오염 피해 및 갈등관리에 관한 학식과 경험이 풍부한 전
   문가

3. 갈등관리 경험이 있는 시민단체에서 추천하는 사람

4. 그 밖에 갈등의 예방 및 조정을 위하여 도지사가 필요하다고
   인정하는 사람

② 위원장은 위촉직 위원 중에서 호선한다.

③ 위원의 임기는 2년으로 하고, 보궐위원의 임기는 전임자의 남
은 기간으로 한다.

④ 위원회의 사무를 처리하기 위하여 간사를 따로 두며, 간사는
환경보건안전과장으로 한다.

⑤ 이 조례에 규정되지 않은 사항은 「경기도 각종 위원회 설치
및 운영조례」에 따른다.

제10조(위원회의 회의) ① 위원회 회의는 위원장이 필요하다고 인정
하는 경우 또는 재적위원 3분의 1 이상의 회의소집 요구가 있는
경우에 위원장이 소집한다.

② 위원회는 재적위원 과반수의 출석으로 개회하고, 출석위원 과
반수의 찬성으로 의결한다.

③ 위원장이 부득이한 사유로 직무를 수행할 수 없을 때에는 위

원장이 지명한 위원이 그 직무를 대행한다.

제11조(위원의 제척·기피·회피) ① 위원회의 위원은 다음 각 호의 어느 하나에 해당하는 경우에는 해당 안건의 심의·의결에서 제척된다.

1. 위원 또는 그 배우자나 배우자였던 사람이 안건이 된 갈등의 당사자가 되거나 그 갈등의 당사자와 공동권리자 또는 공동의무자인 경우

2. 위원이 해당 갈등의 당사자와 친족이거나 친족이었던 경우

3. 위원이 해당 갈등에 대하여 증언, 진술, 자문, 연구, 용역 또는 감정을 한 경우

4. 위원이나 위원이 속한 법인이 해당 갈등의 당사자의 대리인이거나 대리인이었던 경우

5. 그 밖에 위원이 심의안건과 직접적인 이해관계가 있다고 인정되는 경우

② 당사자는 제1항에 따른 제척사유가 있거나 위원에게 공정한 심의·의결을 기대하기 어려운 사정이 있는 경우에는 위원회에 기피 신청을 할 수 있고, 위원회는 기피 여부를 결정한다. 이 경우 기피 신청의 대상인 위원은 그 의결에 참여하지 못한다.

③ 위원이 제1항 각 호에 따른 제척 사유에 해당하는 경우에는 스스로 해당 안건의 심의·의결을 회피하여야 한다.

제12조(환경피해 갈등조정실무협의회 구성·운영) ① 도지사는 환경피해 갈등을 조정하기 위하여 필요한 경우 갈등의 분야별로 경기도 환경 피해 갈등조정실무협의회(이하 "협의회"라 한다)를 구성·운영할 수 있다.

② 협의회는 위원장 1명을 포함하여 위원회 위원 2명, 경기도 및 시·군 공무원, 이해당사자, 전문가를 포함하여 10명 이내로 구성한다

③ 협의회 위원장은 협의회 위원 중에서 해당 사안과 직접 관련이 없는 위원으로 협의회에서 호선한다.

④ 위원장은 필요한 경우 관련 단체 또는 전문가를 협의회에 참석시켜 의견을 들을 수 있다.

⑤ 협의회는 활동기간을 정하여 운영하며, 필요한 경우 협의회 위원간 합의에 의해 1회에 한하여 기간을 연장할 수 있다.

⑥ 이 조에서 규정한 것 외에 협의회 운영에 관하여 필요한 사항은 협의회의 의결을 거쳐 위원장이 정한다.

⑦ 도지사는 협의회 구성 및 운영, 조정 지원 등에 필요한 행정적·재정적 지원을 할 수 있다.

제13조(갈등조정의 신청) ① 환경피해와 관련하여 갈등을 조정받고자 하는 자는 별지 서식의 환경피해 갈등 조정 신청서를 제출하여야

한다.

② 도지사는 제1항에 따른 조정 신청의 수용여부에 대해 그 내용을 신청인에게 통지하여야 한다.

제14조(합의결과문의 작성 및 이행) ① 협의회는 갈등 사안에 대하여 조정·합의된 결과문을 작성할 수 있으며, 합의결과는 법령 등에 위배되거나 중대한 공익을 침해하지 않아야 한다.

② 도지사는 제1항에 따라 이해당사자 간에 작성된 합의결과문이 성실히 이행되도록 적극 노력하여야 한다.

제15조(비밀유지) 위원회와 협의회의 위원 및 관계 전문가 등은 갈등조정 과정에서 알게 된 사항을 다른 사람에게 누설하거나 직무 수행의 목적 외에 이용해서는 아니 된다.

제16조(시·군 협력) 도지사는 갈등의 예방 및 조정 지원의 원활한 수행을 위해 시·군과 협력하여야 한다.

제17조(수당지급 등) 도지사는 위원회 및 협의회에 참석한 위원과 관계 전문가 등에게 예산의 범위에서 「경기도 위원회 수당 및 여비지급 조례」에서 정하는 바에 따라 수당 및 여비 등 필요경비를

지급할 수 있다.

제18조(교육·홍보) ① 도지사는 환경피해로 인한 갈등예방 및 조정을 위하여 도민을 대상으로 우수사례를 전파하는 등 다양한 방법으로 교육·홍보할 수 있다.

② 도지사는 업무담당자의 전문성과 갈등의 예방 및 조정역량을 향상시키기 위하여 교육을 실시할 수 있다.

제19조(전담조직 설치 등) 도지사는 환경피해로 인한 갈등의 예방 및 조정 등에 관한 업무를 보다 체계적이고 효율적으로 수행하기 위하여 전담조직을 설치하거나 필요한 경우 전문 인력을 배치할 수 있다.

제20조(시행규칙) 이 조례 시행에 필요한 사항은 규칙으로 정한다.

부 칙

이 조례는 공포한 날로부터 시행한다.

경기도 도심 복합개발 지원에 관한 조례안

(명재성 의원 대표발의)

<table>
<tr><td>의안
번호</td><td>1947</td></tr>
</table>

발의연월일 : 2025년 6월 4일

발 의 자 : 명재성·김용성·이진형·염종현
최종현·신미숙·김동규·김종배
김옥순·유영일·임창휘·백현종
김태희·유종상·오준환·최승용
김시용·박명수·의원(18명)

1. 제안이유

○「도심 복합개발 지원에 관한 법률」및 같은 법 시행령이 제정(2024.
2. 6.)·시행(2025. 2. 7.)됨에 따라 도조례로 위임된 사항과 그 시행
에 필요한 사항을 규정하여 도시공간을 복합적이고 혁신적으로 활
용함으로써 도시경쟁력을 제고하고 주거안정에 기여하기 위함

2. 주요내용

가. 성장거점형 및 주거중심형 도심복합개발혁신지구의 지정요건을
정함(안 제3조 및 제4조)

나. 복합개발계획의 수립내용 및 검토요청시 필요한 제출자료 등을
정함(안 제5조 및 제6조)

다. 복합개발계획에 대한 검토를 위하여 전문가의 자문의견을 듣고

검토의견에 반영할 수 있음(안 제7조)

라. 복합개발계획 입안 제안 절차 및 필요서류를 정함(안 제8조부터
제10조까지)

마. 도심복합개발혁신지구의 지정 신청 및 지정 해제 등에 관한 사항
을 정함(안 제12조)

바. 도심복합개발사업의 시행계획 수립내용 및 시행절차에 관한 사
항을 정함(안 제13조부터 제19조까지)

사. 도심복합개발사업에 필요한 공공기여 및 현금납부 등에 관한 사
항을 정함(안 제20조)

아. 도심복합개발사업 시행자가 제공해야 하는 국민주택규모 주택의
공급비율을 정함(안 제21조)

경기도 도심 복합개발 지원에 관한 조례안

제1장 총 칙

제1조(목적) 이 조례는 「도심 복합개발 지원에 관한 법률」 및 같은 법 시행령, 같은 법 시행규칙에서 위임한 사항과 그 시행에 필요한 사항을 규정함을 목적으로 한다.

제2조(정의) ① 이 조례에서 사용하는 용어의 뜻은 다음과 같다.

1. "역세권"이란 「도심 복합개발 지원에 관한 법률 시행령」(이하 "영"이라 한다) 제2조제1항제2호가목에 명시된 부지면적의 과반이 역승강장 경계로부터 500미터 이내에 있는 지역을 말한다.

2. "비역세권"이란 제1호에 따른 역세권이 아닌 지역을 말한다.

3. "준공업지역"이란 영 제2조제1항제2호가목에 명시된 「국토의 계획 및 이용에 관한 법률 시행령」 제30조제1항제3호다목에 따른 준공업지역으로 주거지 인근에 위치하여 정비가 필요한 지역을 말한다.

② 이 조례에서 따로 정의하지 아니한 용어는 「도심 복합개발 지원에 관한 법률」(이하 "법"이라 한다)에서 정하는 바에 따른다.

제3조(성장거점형 도심복합개발혁신지구 요건) ① 영 제2조제1항제1호 다목에서 "시·도조례로 달리 정하는 사항"은 다음 각 호의 요건을 모두 만족하는 경우를 말한다.

1. 혁신지구로 지정하려는 지역에 위치한 각 공동주택단지의 면적이 2만제곱미터 이하

2. 혁신지구로 지정하려는 지역에 위치한 각 공동주택단지의 면적이 전체 면적의 100분의 30 이하

② 영 제2조제1항제1호라목에서 "용도지역의 종류 등 시·도조례로 정하는 사항"은 낙후된 도심기능을 회복하거나 도시의 성장거점 조성이 필요한 경우로서 다음 각 호의 요건을 모두 만족하는 경우를 말한다.

1. 용도지역 종류 : 「국토의 계획 및 이용에 관한 법률」 제51조제1항제8호의2 및 동법 시행령 제43조제1항에 따른 용도지역 중 준주거지역, 준공업지역, 상업지역

2. 도로 : 최소 1면 이상이 폭 20미터 이상의 도로와 접할 것(사업 시행으로 도로 확보가 가능한 경우 포함)

3. 도시경쟁력 제고 및 지역거점으로 육성할 수 있는 기능을 갖출 것

4. 영 제2조제1항제1호가목에 명시된 도시·군기본계획에 따른 도심·부도심 또는 생활권의 중심지역 및 두개 이상의 노선이 교차

하는 대중교통 결절지 조건은 시장·군수가 해당 시·군의 중장기 발전방향 및 목표, 도시의 미래상, 기본계획상 공간구조의 설정 및 생활권 설정 등 관련 계획을 고려하여 그 적정성을 판단할 수 있다.

③ 제2항에 따른 용도지역 종류 중 「국토의 계획 및 이용에 관한 법률」 제51조제1항제8호의2 및 동법 시행령 제45조제2항에 따라 지구단위계획으로 용도지역 간의 변경이 가능한 준주거지역, 준공업지역, 상업지역 이외의 지역을 포함하여 성장거점형 혁신지구로 지정하려는 경우는 시장·군수가 그 필요성을 인정하는 경우에 한하여 도시·군관리계획 결정을 병행하여 추진할 수 있다. 다만, 도시·군관리계획 결정을 병행하여 추진할 수 있는 용도지역의 범위는 「국토의 계획 및 이용에 관한 법률」 제51조에 따른 지구단위계획구역 지정이 가능한 지역으로 한정한다.

제4조(주거중심형 도심복합개발혁신지구 요건) ① 영 제2조제1항제2호 나목에서 "시·도조례로 정하는 비율"은 100분의 40을 말한다.

② 영 제2조제1항제2호라목에서 "시·도조례로 달리 정하는 사항"은 다음 각 호의 요건을 모두 만족하여야 한다.

1. 혁신지구로 지정하려는 지역에 위치한 각 공동주택단지의 면적이 2만제곱미터 이하

2. 혁신지구로 지정하려는 지역에 위치한 각 공동주택단지의 면적
이 전체 면적의 100분의 30 이하

③ 법 제2조제3호나목에서 "조례로 정하는 지역"은 영 제2조제1
항제2호마목에 따른 "그 밖에 용도지역의 종류 등 시·도조례로 정
하는 사항"에 해당하는 지역으로서 다음 각 호와 같으며, 각 호는
각 목의 요건을 모두 만족하여야 한다.

1. 역세권에서 시행하는 사업인 경우

　가. 용도지역 종류 :「국토의 계획 및 이용에 관한 법률」제36조
　　　제1항제1호에 따른 도시지역 중 주거지역, 상업지역, 준공
　　　업지역, 자연녹지지역. 단, 자연녹지지역은 도시·군계획시설
　　　부지에 한하여 포함할 수 있고 이 경우 도시·군계획시설 관
　　　리청의 의견을 들어야 한다.

　나. 도로 : 2면 이상이 폭 6미터 이상 도로와 접하면서 최소 1면
　　　이상이 폭 8미터 이상의 도로와 접해야 한다(사업 시행으로
　　　도로 확보가 가능한 경우 포함).

2. 비역세권에서 시행하는 사업인 경우

　가. 용도지역 종류 : 준공업지역

　나. 도로 : 2면 이상이 폭 6미터 이상 도로와 접하면서 최소 1면
　　　이상이 폭 8미터 이상의 도로와 접해야 한다(사업 시행으로
　　　도로 확보가 가능한 경우 포함).

④ 제3항에 따른 용도지역 종류 중 「국토의 계획 및 이용에 관한 법률」 제51조제1항제8호의2 및 동법 시행령 제45조제2항에 따라 지구단위계획으로 용도지역 간의 변경이 가능한 일반주거지역, 준주거지역, 준공업지역, 상업지역 이외의 지역을 포함하여 주거중심형 혁신지구로 지정하려는 경우는 시장·군수가 그 필요성을 인정하는 경우에 한하여 도시·군관리계획 결정을 병행하여 추진할 수 있다. 다만, 도시·군관리계획 결정을 병행하여 추진할 수 있는 용도지역의 범위는 「국토의 계획 및 이용에 관한 법률」 제51조에 따른 지구단위계획구역 지정이 가능한 지역으로 한정한다.

제2장 도심복합개발 혁신지구의 지정 등

제5조(복합개발계획의 내용 등) 영 제3조제1항제10호에서 "시·도조례로 정하는 사항"은 다음 각 호를 말한다.

1. 「국토의 계획 및 이용에 관한 법률」 제52조제1항 및 제2항, 동법 시행령 제45조에 따라 작성된 지구단위계획

2. 녹지지역을 포함하여 혁신지구를 지정하는 경우 환경성검토 결과(「환경영향평가법」에 따른 전략환경영향평가를 실시하는 경우에는 전략환경영향평가 결과를 말한다)를 포함한 법 제5조제1항제13호의 환경 보전계획

3. 가구 또는 획지에 관한 계획

4. 임대주택의 건설에 관한 계획

5. 종교부지, 분양대상 복리시설 부지 및 혁신지구 안에 건립하는
임대주택 부지는 필요한 경우 획지로 분할하고 적정한 진입로
를 확보하는 계획

6. 「국토의 계획 및 이용에 관한 법률」 제3조의2에 따른 생활인프
라 중 저출생·고령화 등 인구구조 변화 대응을 위한 시설의 종
류·규모·배치 계획

7. 제3조제3항 및 제4조제5항에 따라 도시·군관리계획 결정을 병
행 추진하는 경우 도시·군관리계획의 입안을 위하여 작성된 도
시·군관리계획 관계 서류 및 도서

제6조(복합개발계획의 방향 등에 대한 검토 요청) 시장·군수가 법 제5조
제2항에 따라 복합개발계획을 입안하기 위하여 경기도지사(이하
"도지사"라 한다)에게 검토를 요청하는 경우에는 다음 각 호의 내
용을 포함하여야 한다.

1. 혁신지구의 명칭, 위치 및 면적 등 혁신지구의 개요

2. 복합개발사업의 유형

3. 복합개발사업의 시행 방식

4. 사업시행예정자의 명칭, 소재지 및 대표자 성명

5. 주택, 상업 및 업무시설 수요, 지역 여건 등 도심복합개발혁신

지구 지정의 필요성을 설명하기 위한 다음 각 목의 자료

가. 도심복합개발혁신지구 조사서(별표 2)

나. 주택수요분석

다. 문화시설, 산업시설, 업무시설 및 판매시설 수요분석

라. 교육시설, 체육시설 및 복지시설 등 공공시설의 현황 및 수
요분석

마. 지역여건분석

6. 축척 2만5천분의1 또는 5만분의1인 위치도

7. 도심복합개발혁신지구의 경계와 경계 결정 사유를 표시한 축척
5천분의 1인 지형도

8. 도심복합개발혁신지구 및 인근 지역의 현황을 기록한 서류와
현황 사진

9. 토지이용, 주택·비주택시설의 건설 및 기반시설 설치 등에 관한
기본 방향을 적은 서류

10. 「국토의 계획 및 이용에 관한 법률」 제52조제1항 및 제2항, 동
법 시행령 제45조에 따라 작성된 지구단위계획 결정에 필요한
관계 서류 및 도면

11. 제8조제3항에 따른 사전 협의한 경우, 사업시행예정자가 시행
한 시·군(대도시 포함) 관련 부서와의 사전협의 의견서

12. 제20조에 따른 공공기여 방안

제7조(사전검토 자문) 도지사는 법 제5조제2항에 따른 시장·군수의 검토 요청이 있는 경우 복합개발계획에 대한 검토를 위하여 경기도 도시계획위원회 위원 등으로 구성된 전문가의 자문의견을 듣고 검토 의견에 반영할 수 있다.

제8조(복합개발계획의 입안 제안의 절차 등) ① 영 제5조제1항에서 "시·도조례로 정하는 제안서"는 별표 1과 같다.

② 영 제5조제1항제3호에 따라 "시·도조례로 정하는 복합개발계획 입안의 제안에 필요한 서류"는 다음 각 호와 같다.

1. 거주가구 및 세입자 현황

2. 도시·군관리계획 상 토지이용계획 현황

3. 토지의 용도·소유자·규모별 현황

4. 건축물의 허가유무 및 노후·불량 현황

5. 건축물의 용도, 구조, 규모 및 건축경과(준공) 연도별 현황

6. 혁신지구 내 유·무형의 문화유적, 보호수목 현황 및 지역유래

7. 기존 수목 현황

8. 혁신지구 지정에 대한 주민(토지등소유자 및 세입자) 의견

9. 토지등소유자의 분양희망 주택규모 및 자금부담 의사

10. 세입자의 임대주택 입주 여부와 입주희망 임대주택 규모

11. 기타 시장·군수가 필요하다고 인정하는 사항

③ 영 제5조제3항에 따라 사업시행예정자는 복합개발계획의 입안을 제안하기 전에 복합개발계획 입안 제안과 관련하여 시·군 관련 부서와 사전 협의할 수 있다.

제9조(입안 제안의 공고 등) 영 제6조제4호에서 "시·도조례로 정하는 사항"은 다음 각 호를 말한다.

1. 거주가구 및 세입자 현황

2. 토지의 용도·소유자·규모별 현황

3. 건축물의 허가유무 및 노후·불량 현황

4. 건축물의 용도, 구조, 규모 및 건축경과(준공) 연도별 현황

5. 혁신지구 내 유·무형의 문화유적, 보호수목 현황 및 지역유래

6. 법 제6조제1항에 따른 토지등소유자의 복합개발사업 추진에 관한 동의 현황

7. 혁신지구 지정에 대한 주민(토지등소유자 및 세입자) 의견

8. 토지등소유자의 분양희망 주택규모 및 자금부담 의사

9. 세입자의 임대주택 입주 여부와 입주희망 임대주택 규모

10. 기타 시장·군수가 필요하다고 인정하는 사항

제10조(복합개발계획의 경미한 변경) 영 제7조제8호에서 "시·도조례로 정하는 사항"은 다음 각 호를 말한다.

1. 혁신지구의 명칭 변경

2. 측량 결과에 따라 착오 또는 누락된 면적 등 오류를 정정하는
   경우

제11조(도심복합개발혁신지구의 지정 신청 등) 「도심 복합개발 지원에
관한 법률 시행규칙」(이하 "규칙"이라 한다) 제3조제6호에서 "시·
도조례로 정하는 자료"는 다음 각 호를 말한다.

1. 제6조제5호에 따른 조사서류

2. 법 제6조제3항에 따른 지방도시계획위원회 자문의견

3. 법 제5조제1항에 따라 복합개발계획을 입안하는 자의 종합의
   견

4. 토지등소유자의 동의서(다만, 혁신지구 지정 동의 이후 사업시
   행자와 권리자의 변동이 있는 때에는 종전의 사업시행자와 권
   리자의 권리·의무는 새로 사업시행자와 권리자로 된 자가 승계
   한 것으로 본다)

5. 제20조에 따른 공공기여 방안

제12조(도심복합개발혁신지구의 지정 해제 등) 법 제11조제3항제1호
에서 "시·도조례로 정하는 비율"은 토지등소유자의 2분의 1을 말
한다. 다만, 혁신지구 지정해제 동의 이후 사업시행자와 권리자의

변동이 있는 때에는 종전의 사업시행자와 권리자의 권리·의무는
새로 결정된 사업시행자와 권리자로 된 자가 승계한다.

제3장 도심복합개발사업의 시행

제13조(사업시행계획인가의 경미한 변경) 영 제15조제12호에서 "시·도
조례로 정하는 경미한 사항"은 다음 각 호를 말한다.

1. 법 제20조에 따른 시행규정 중 착오·오기 또는 누락임이 명백
한 사항

2. 관련 법령 또는 조례 등의 개정에 따라 단순한 정리가 필요한
사항

3. 영 제16조제6호에 따른 토지 또는 건축물 등에 관한 권리자 및
그 권리의 명세를 100분의 10의 범위에서 변경하는 경우

제14조(사업시행계획서의 내용) 영 제16조제14호에서 "시·도조례로
정하는 사항"은 다음 각 호를 말한다.

1. 복합개발사업의 시행기간

2. 「건축물 에너지효율등급 및 제로에너지건축물 인증에 관한 규
칙」에 따른 제로에너지건축물 인증에 관한 사항

3. 「공공주택 특별법」에 따른 공공임대주택 및 「민간임대주택에
관한 특별법」에 따른 공공지원민간임대주택(이하 "임대주택"이

라 한다) 건설계획에 관한 사항

4. 제20조에 따른 공공기여 방안

5. 비산먼지·소음·진동 등 방지대책, 공사장 주변 안전관리 대책 및 통학로 안전관리 대책 등에 관한 사항

6. 지반침하 예방 등을 위한 지하안전관리에 관한 사항

7. 사업시행기간 동안 혁신지구 내 범죄예방대책

제15조(시행규정의 내용) 법 제20조제11호에서 "시·도조례로 정하는 사항"은 다음 각 호를 말한다.

1. 건축물의 철거에 관한 사항

2. 주민 이주에 관한 사항

3. 토지 및 건축물의 보상에 관한 사항

4. 주택의 공급에 관한 사항

제16조(통합심의위원회의 설치 등) 도지사는 법 제21조제8항에 따라 「경기도 공공주택통합심의위원회 운영 조례」 제3조에 따른 경기도 공공주택통합심의위원회가 법 제21조제1항에 따른 도심복합개발통합심의위원회의 기능을 대신하도록 할 수 있다.

제17조(관리처분계획의 인가) 영 제23조제2항제4호에서 "시·도조례

로 정하는 사항"은 다음 각 호를 말한다.

1. 법 제26조제1항제1호의 분양설계에는 다음 각 목의 사항을 포함한다.

   가. 관리처분계획 대상물건 조서 및 도면

   나. 임대주택의 부지명세와 부지가액, 처분방법 및 임대주택 입주대상 세입자명부

   다. 환지예정지 도면

   라. 종전 토지의 지적 또는 임야도면

2. 법 제16조에 따른 관리처분계획의 토지등소유자 전체회의 의결서 사본 및 법 제29조에 따른 분양신청서(권리신고사항 포함) 사본

3. 법 제26조제1항제8호에 따른 세입자별 손실보상을 위한 권리명세 및 그 평가액과 영 제23조제2항제1호에 따른 현금으로 청산하여야 하는 토지등소유자별 권리명세 및 이에 대한 청산방법에 대하여 토지등소유자 및 세입자와 진행된 협의 결과

4. 복합개발사업의 시행으로 인하여 새롭게 설치되는 기반시설 등의 명세와 용도가 폐지되는 기반시설 등의 명세

5. 제20조에 따른 현금납부액 산정을 위한 감정평가서, 납부방법 및 납부기한 등을 포함한 협약 관련 서류

6. 그 밖의 관리처분계획 내용을 증명하는 서류

제18조(감정평가법인등의 선정기준 등) ① 시장·군수는 법 제26조제2항제2호에 따라 감정평가법인등을 선정하는 경우 경기도 내에 주·분사무소를 둔 감정평가법인등으로부터 신청을 받아 다음 각 호의 사항을 고려하여 선정한다.

1. 감정평가사의 수

2. 감정평가 수행 실적

3. 법규 준수 등 이행도

4. 감정평가계획의 적정성

5. 감정평가수수료의 적정성

② 제1항에 따른 세부 심사기준 등 감정평가법인등의 선정에 필요한 사항은 별표 3에 따른다.

③ 시장·군수는 사업시행자의 요청이 있거나 그 밖에 필요하다고 인정하는 경우 제1항에도 불구하고 「감정평가 및 감정평가사에 관한 법률」 제33조에 따른 한국감정평가사회에 감정평가법인등의 추천을 의뢰하여 추천받은 자를 감정평가법인등으로 선정할 수 있다.

제19조(분양신청의 절차 등) ① 영 제24조제1항제9호에서 "시·도조례로 정하는 사항"이란 법 제29조제2항에 따른 분양신청기간 종료 후 법 제18조제1항에 따른 사업시행계획인가의 변경으로 세대수

또는 주택규모가 달라지는 경우 법 제29조제1항부터 제3항에 따라 분양공고 등의 절차를 다시 거칠 수 있도록 하는 것을 말한다.

② 영 제24조제2항제3호에서 "시·도조례로 정하는 사항"은 다음 각 호를 말한다.

1. 분양신청 안내문. 다만 분양신청 안내문에는 분양신청서에 첨부하는 다음 각 목의 서류 중 제출서류 목록을 명시하여야 한다.

   가. 종전의 토지 또는 건축물에 관한 소유권의 내역

   나. 분양신청권리를 증명할 수 있는 서류

   다. 법 제20조에 따른 시행규정에서 분양신청자격을 특별히 정한 경우 그 자격을 증명할 수 있는 서류

   라. 분양예정 대지 또는 건축물 중 관리처분계획 기준 범위에서 희망하는 대상·규모에 관한 의견서

2. 철거 및 이주 예정일

제4장 도심복합개발사업의 절차 간소화 및 지원 등

제20조(공공기여 및 현금납부 등) ① 법 제38조제1항에 따른 "개발 또는 건설·설치에 필요한 비용의 납부"란 다음 각 호의 시설에 대한 개발, 건설·설치 및 이에 필요한 비용의 납부를 말한다.

1. 공연전시장

2. 「스마트도시 조성 및 산업진흥 등에 관한 법률」 제2조제3호에
   따른 스마트도시기반시설

3. 저출생·고령화 등 인구구조 및 주변여건 변화 대응을 위한 시설

② 법 제38조제1항에 따른 공공기여와 용도지역 변경 등에 따른 공공기여 세부 기준 등은 도지사가 따로 정하여 운영할 수 있다.

③ 공공기여와 관련하여 이 조례에서 정한 규정을 제외하고는 국토교통부의 '공공기여 가이드라인'을 준용한다.

제21조(국민주택규모 주택의 공급 등) ① 영 제28조제1항제1호에서 "시·도조례로 정하는 비율"은 100분의 50으로 한다.

② 영 제28조제1항제2호에서 "시·도조례로 정하는 비율"은 100분의 30 이상 100분의 50 이하의 범위로 한다.

③ 영 제28조제5항에서 "시·도조례로 정하는 비율"은 100분의 60으로 한다.

제22조(관계서류의 열람 및 보관 등) ① 영 제32조제8호에서 "시·도조례로 정하는 사항"은 다음 각 호를 말한다.

1. 설계자·시공자·철거업자 및 정비사업전문관리업자 등 용역업체의 선정계약서 및 세부 계약 변경에 관한 사항

2. 해당 복합개발사업의 시행에 관한 공문서

② 규칙 제11조제1항에서 "시·도조례로 정하는 바"란 규칙 제11조제1항 각 호의 서류를 법 제34조제2항에 따른 이전고시일부터 3개월 이내 또는 복합개발사업의 폐지일부터 2개월 이내에 시장·군수에게 인계하는 것을 말한다. 다만 시장·군수가 특별한 사유가 있다고 인정하는 때에는 사업시행자의 신청에 의하여 인계기간을 연기할 수 있다.

제23조(시행규칙) 이 조례의 시행에 필요한 사항은 규칙으로 정한다.

경기도 기후행동 실천 및 확산 지원 조례안

(명재성 의원 대표발의)

<table>
<tr><td>의안
번호</td><td>2490</td></tr>
</table>

발의연월일 : 2025년 11월 11일

발 의 자 : 명재성 · 임창휘 · 오지훈 · 이병숙
이인규 · 장민수 · 이진형 · 조미자
최　민 · 김옥순 · 장한별 · 김동규
유경현 · 박상현 · 문승호 · 이자형
장윤정 · 이채명 · 이재영 · 박진영
김태희 · 유종상 · 김시용 · 박명수
김종배 의원(25명)

1. 제안이유

가. 기후위기에 효과적으로 대응하기 위하여 도민의 일상생활에서 에너지와 자원을 절약하고 온실가스와 오염물질 발생을 최소화하는 실천 활동을 촉진할 필요가 있음

나. 이에 경기도민의 기후행동 실천 참여를 장려하고 탄소중립 사회로의 이행 및 녹색성장에 대한 인시을 확산하기 위한 제도적 기반을 마련하고자 함

2. 주요내용

가. 도지사의 책무로 도민등의 인식 및 참여 강화, 연구 개발·전문가

교육, 취약계층 지원을 포함한 시책을 수립하게 하고, 참여기반
확대와 기후행동 실천이 확산될 수 있도록 노력해야 함을 규정함
(안 제5조)

나. 도민등의 기후행동 실천을 장려하기 위한 사업을 수행할 수 있
고, 비용의 전부 또는 일부를 지원할 수 있도록 함(안 제6조)

다. 기후행동 사업 참여자에게 필요한 장비·도구·용품을 지원하고,
참여실적과 기여도에 따른 인센티브 등의 혜택을 지급할 수 있도
록 함(안 제7조)

라. 기후행동 사업을 효율적으로 추진하기 위하여 필요한 경우에 해
당 사무를 전문성을 갖춘 관련 기관·법인 또는 단체 등에 위탁할
수 있도록 정함(안 제8조)

마. 우수사례를 발굴하고 시상하는 등 사업 참여자의 동기부여 방안
을 마련하여 기후행동 실천 및 확산을 도모하도록 함(안 제9조)

바. 기후행동 플랫폼 및 관련 정보·기술 공유 등을 위하여 정부·지방
자치단체·관련 기관 등과 협력체계 구축할 수 있도록 하여 사업
의 효율성을 높이도록 함(안 제10조)

경기도 기후행동 실천 및 확산 지원 조례안

제1조(목적) 이 조례는 경기도민이 일상생활에서 에너지와 자원을 절약하고 스스로 생활 속에서 온실가스와 오염물질의 발생을 최소화하는 활동을 실천할 수 있는 여건을 조성함으로써 탄소중립 사회로의 이행과 녹색성장에 관한 인식 확산에 이바지함을 목적으로 한다.

제2조(정의) 이 조례에서 사용하는 용어의 뜻은 다음과 같다

1. "기후행동"이란 기후위기 대응을 위하여 에너지 절약 및 이용 효율화, 신·재생에너지 사용 등 온실가스를 줄이기 위한 활동과 녹색제품으로의 소비 전환을 통하여 오염물질의 배출을 최소화하는 활동을 말한다.

2. "대학생등"이란 경기도에 소재하는 「고등교육법」 제2조에 따른 학교(같은 조 제5호의 원격대학은 제외한다)에 재학(입학 또는 복학 예정인 경우는 제외한다) 중인 학생과 경기도에 소재하는 사업장에 재직 중인 「근로기준법」 제2조제1항제1호에 따른 근로자를 말한다.

제3조(적용범위) 이 조례는 경기도민과 제2조제2호에 따른 대학생등
(이하 "도민등"이라 한다)에게 적용한다.

제4조(다른 조례와의 관계) 기후행동 실천 및 확산 지원에 관하여 다른
조례에서 특별한 규정이 있는 경우를 제외하고는 이 조례에서 정
하는 바에 따른다.

제5조(도지사의 책무) ① 경기도지사(이하 "도지사"라 한다)는 기후행
동 실천을 촉진하고 참여를 활성화하기 위하여 다음 각 호의 사항
이 포함된 시책을 수립하고, 이에 필요한 제도적·행정적 지원체계
를 구축하여야 한다.
1. 탄소중립 실현을 위한 기후행동에 대한 도민등의 인식 및 참여
   강화
2. 기후행동을 활성화하기 위한 연구 개발 및 지역사회 전문가 교육
3. 유아, 여성, 장애인, 노인 등 기후위기에 취약한 도민(이하 "취약
   계층"이라 한다)에 대한 지원
② 도지사는 제1항에 따른 시책을 수립할 경우 다양한 의견수렴
을 통해 상호 간의 이해관계를 조정하고, 시·군 및 기업의 이에스
지(ESG) 활동과 연계하는 등 참여 기반의 확대와 기후행동 실천의
확산이 원활하게 이루어질 수 있도록 노력하여야 한다.

제6조(기후행동 사업) ① 도지사는 도민등의 기후행동 실천 참여를 장려하기 위하여 다음 각 호의 사업을 수행할 수 있다.

1. 기후행동 실천 홍보 및 캠페인

2. 기후행동 실천 확산을 위한 정보통신기술의 활용 지원

3. 취약계층의 기후행동 실천 지원

4. 그 밖에 도지사가 기후행동 실천을 장려하기 위하여 필요하다고 인정하는 사업

② 도지사는 제1항에 따른 사업을 수행하는 출자·출연기관, 시·군, 관련 기관과 단체, 개인 등에 예산의 범위에서 그 비용의 전부 또는 일부를 지원할 수 있다.

제7조(비용의 지원) ① 도지사는 제6조제1항에 따른 사업에 참여하는 도민등에게 사업 참여에 필요한 장비·도구 및 용품 등을 예산의 범위에서 지원할 수 있다.

② 도지사는 제6조제1항에 따른 사업에 참여하는 도민등에게 사업 참여 기간 동안의 참여실적, 횟수, 기여도 등을 고려하여 인센티브, 물품 등과 같은 혜택을 예산의 범위에서 지급할 수 있다.

③ 제1항과 제2항에 따른 지원 및 지급의 구체적인 내용, 기준 및 방법은 도지사가 따로 정할 수 있다.

제8조(사무의 위탁) ① 도지사는 기후행동 사업을 효율적으로 추진하기 위하여 필요한 경우에는 해당 사무를 전문성을 갖춘 관련 기관·법인 또는 단체 등에게 위탁 할 수 있다.

② 제1항에 따라 사무를 위탁하는 경우 이 조례에서 정하지 아니한 사항은 「경기도 사무의 공공기관 위탁·대행 조례」 또는 「경기도 사무의 민간위탁 조례」에서 정하는 바에 따른다.

제9조(우수사례 시상 등) 도지사는 기후행동 실천이 확산 및 전파될 수 있도록 사업 참여자의 동기부여를 위한 우수사례를 발굴하여 시상 등을 할 수 있다.

제10조(협력체계) 도지사는 기후행동 실천 및 확산에 관한 사업의 효율적인 추진과 기후행동 플랫폼 및 관련 정보·기술 공유 등을 위하여 필요한 경우 중앙정부, 지방자치단체, 관련 기관·단체 등과 협력체계를 구축할 수 있다.

제11조(시행규칙) 이 조례의 시행에 필요한 사항은 규칙으로 정한다.

부   칙

이 조례는 공포한 날부터 시행한다.

경기도 의용소방대 설치 및 운영 조례 일부개정조례안

(명재성 의원 대표발의)

<table>
<tr><td rowspan="2">의안
번호</td><td rowspan="2">2507</td></tr>
</table>

의안 번호	2507

발의연월일 : 2025년 11월 17일

발 의 자 : 명재성 · 장윤정 · 장한별 · 신미숙
이인규 · 이재영 · 이자형 · 장민수
임창휘 · 조미자 · 이병숙 · 박상현
유경현 · 정동혁 · 남종섭 · 임상오
이한국 · 이영봉 · 김성수(안양1)
의원(19명)

1. 제안이유

○「의용소방대 설치 및 운영에 관한 법률」이 개정(2025. 8. 14.)됨에 따라 의용소방대의 활동과 운영에 필요한 사무공간 제공 등 지원 근거를 마련하기 위함

2. 주요내용

○ 도지사는 의용소방대의 원활한 업무 수행을 위하여 사무공간 제공 등을 지원할 수 있음(안 제22조의2 신설)

경기도 의용소방대 설치 및 운영 조례
일부개정조례안

경기도 의용소방대 설치 및 운영 조례 일부를 다음과 같이 개정한다.

제22조의2를 다음과 같이 신설한다.

제22조의2(사무공간 제공 등 지원) 도지사는 법 제14조제3항에 따라 의용소방대의 원활한 업무 수행을 위하여 사무공간 제공 등을 지원할 수 있다.

부   칙

이 조례는 공포한 날부터 시행한다.

신·구조문 대비표

현 행	개 정 안
〈신 설〉	**제22조의2(사무공간 제공 등 지원)** 도지사는 법 제14조제3항에 따라 의용소방대의 원활한 업무 수행을 위하여 사무공간 제공 등을 지원할 수 있다.

관계법령 발췌서

「**의용소방대 설치 및 운영에 관한 법률**」

제14조(경비의 부담 등) ① 의용소방대의 운영과 활동 등에 필요한 경비는 해당 시·도지사가 부담한다.

② 국가는 제1항에 따른 경비의 일부를 예산의 범위에서 지원할 수 있다.

③ 시·도지사는 의용소방대의 원활한 업무 수행을 위하여 사무공간 제공 등 필요한 지원을 할 수 있다. 〈신설 2025. 8. 14.〉

초판   1쇄 발행   2026년 1월 15일

저자 명재성
편집 · 디자인 홍성주
펴낸곳 도서출판 위
주소 경기도 파주시 광인사길 115
전화 031-955-5117~8

ISBN 979-11-86861-47-9 03990

• 책값은 뒤표지에 있습니다.
• 파본은 구입하신 서점에서 교환해 드립니다.